Christoph Thoma
Das Christkind von St. Martin
Weihnachtsgeschichten aus Landshut
Zeichnungen Bernhard Kühlewein
Verlag Attenkofer
Kühlewein

*Für alle Menschen
mit einem unerfüllten
Weihnachtswunsch!*

Impressum

ISBN 978-3-936511-73-4

1. Auflage 2010

Satz und Druck: Cl. Attenkofer'sche Buch- und Kunstdruckerei

Inhalt

Alles Gute zu Weihnachten

Alles Gute zu Weihnachten 2009

Lieber Christoph,

für Deine Karte von der Insel der blühenden Orchideen, speienden Vulkane, Schnacken, Schlangen und weißen Meeresstränden, giftigen Sägefischen, braun gebrannten Nackedeien, Kängurus und Kakadusse danke ich Dir. Wo Dich Dein Beruf überall hinführt?

Da kann ich natürlich mit meinen beiden Hennen, dem stolzen Gänsebock und den Hunden nicht mithalten. Damit Du aber weißt, wie's bei mir in der Vorweihnachtszeit hergeht, habe ich Dir mit dem Käscher von den Tausenden von Engerln, die Tag und Nacht um mein Haus herumflattern, einen Haufen zusammengefangen und sende sie Dir nun in diesem geschlossenen Briefumschlag, bevor sie mir lästig werden.

Sieh nun selber zu, wie du damit fertig wirst! Aber – sie sind gutartiger Natur und wünschen Dir, genau wie Ortrun und ich, alles Liebe zu den Feiertagen.

Dein Bernhard

Vorwort

Jahr für Jahr „liefert“ der Journalist Christoph Thoma für den Weihnachtspfarrbrief der Pfarrei St. Martin eine Weihnachtserzählung. Das Besondere an diesen Erzählungen ist, dass sie entweder angesiedelt – man könnte auch sagen „beheimatet“ – sind im Umfeld der Basilika St. Martin in Landshut, der sich der Autor besonders verbunden fühlt, und zum anderen geprägt sind von seinen beruflichen Erfahrungen, die ihn in alle Welt geführt haben.

Viele dieser Geschichten sind in diesem Buch abgedruckt und werden damit noch einmal veröffentlicht, sodass eine Verbindung von „Heimat“ mit einem „Blick über den Tellerrand“ hinaus entsteht.

Dies geschieht auch inhaltlich durch die Aufnahme von Zwischentexten und Gedichten, die der Autor bei seiner Moderation in den Adventssingen in der Ursulinenkirche Sankt Josef zugunsten der „Nepalhilfe Aham“ vorgetragen hat und die sowohl aus buddhistischen und hinduistischen als auch christlichen Quellen stammen.

Dieses Buch, das grafisch vom Landshuter Künstler Bernhard Kühlewein gestaltet wurde, führt auf eine eigene und sehr persönliche Weise auf das Weihnachtsfest hin.

Msgr. Bernhard Schömann
Stiftspropst und Dekan

„Das Kind fehlt!"

Das Kind fehlt

Schwester Clarissa kam mit dem Kräuterbuschen von der Klosterkirche am unteren Ende der Neustadt zurück in ihre Zelle. „Ob wirklich 99 Gewürzpflanzen eingewoben sind?“, dachte sie, freute sich über den vielfältigen Duft und ließ das Lukas-Evangelium nachklingen: „Als Elisabet den Gruß Mariens hörte, hüpfte das Kind in ihrem Leib!“

„Das Kind?“ – Es war der 15. August, das Hochfest von der Aufnahme Mariens in den Himmel. „Und ich denke an Weihnachten“. Clarissa lächelte, holte den Schlüssel für die kostbare Klosterkrippe mit den geschnitzten Figuren, fand das Jesuskind in seiner gepolsterten Kiste und hob es heraus. Gleich früh am nächsten Tag sollte eine der Novizinnen zur Kunstanstalt an der Seligenthaler Straße eilen, um dem Meister den Auftrag zu erteilen, die aus dem Mittelalter überkommene Figur neu zu fassen. Vier Monate noch, das sollte genug Zeit sein.

Die Krippe der Ursulinen war eine Kostbarkeit, weit über Landshuts Burgfrieden hinaus bekannt. Geschnitzte Körper, kostbar in Samt gewandet, Hüte aus Goldfäden gewirkt. Bewegliche Gliedmaßen. Jeder Hirte ein Kunstwerk. Hunderte von Schafen. Keines glich dem anderen. Legion der Engel. Josef im Rupfenmantel. Heilige Drei Könige mit Elefanten und Kamelen. Alle Pracht des Orients. Vor bayerischer Kulisse. Der Stall bedacht mit Holzschindeln aus Tannenzapfen.

Schwester Clarissa war nicht mehr die Jüngste. Manchmal fiel es ihr schwer, den Verpflichtungen im Kloster nachzukommen, auch wenn sie vom Schuldienst längst befreit war. Man hatte ihr die Kunstwerke der Ursulinen anvertraut. Vom berühmten Altarbild der Muttergottes mit dem geneigten Haupt bis zu den Seitenaltären. Ihr oblag es,

„Bring' das Kind zurück, aber schnell!"

für die Reinigung der Kirche zu sorgen, Handwerker zu beauftragen und die noch aus der Zeit der Herzöge stammenden Heiligen in regelmäßigen Abständen zu entstauben und neu anzuziehen.

In diesem Jahr war es irgendwie noch plötzlicher Advent geworden als in den früheren. „Ob die Zeit wirklich schneller vergeht, wenn man alt wird", dachte Clarissa bei der Morgenandacht ein wenig unaufmerksam. Und als der strenge Blick der Mutter Oberin sie streifte, fiel ihr siedend heiß ein, dass sie in diesem Jahr noch keinen Handstrich für die Krippe gemacht hatte. Für „ihre" Krippe!

Noch drei Tage bis zum Heiligen Abend und die rund 200 Figuren des weihnachtlichen Kolossal-Schauspiels schlummerten in ihren Schachteln, als wäre der vierte Advent nicht schon vorbei. Schwester Clarissa hatte keine Zeit für Frühstück. Sie beorderte zwei geschickte Jungschwestern an ihre Seite und schnell wuchs das fromme Werk.

Als letzte Handlung, wenn der Krippenaufbau abgeschlossen war, oblag es Clarissa, behutsam das Kind in die Futterkrippe zu legen, die mit Strohhalmen gefüllt zwischen Maria und Josef stand. Doch der Jesusknabe war nicht in seiner Schachtel. Panik überkam Clarissa. „Das Kind fehlt", murmelte sie, einem Stoßgebet gleich, und stellte noch einmal die Sakristeischränke auf den Kopf, die bei den Ursulinen Heimat der Krippe sind, wenn sie nicht aufgebaut ist.

Es half alles nichts. Es war der Heilige Abend. „Ob's wohl auffällt?" Das weihnachtliche Szenario prächtig wie immer. Aber eine Kleinigkeit fehlte: das Figürchen des Mensch gewordenen Gottes. „Die Mutter Oberin fällt in Ohnmacht", dachte Schwester Clarissa noch, ehe sie den Vorhang vor die Krippe zog, der erst wieder in der Christmette beiseite geschoben werden sollte, einer alten Tradition zufolge. „Und meine Mitschwestern werden das gar nicht komisch finden!"

In der Kunstanstalt draußen im Umgriff von Seligenthal war der alte Meister dabei, die Werkstatt aufzuräumen. Und dabei fiel ihm – zwischen Engelsköpfen von Heiligblut und Silberleuchtern aus St. Martin – das Jesuskind der Ursulinen in die Hände, das – längst kostbar gefasst – auf Watte gebettet in einer Schublade in Vergessenheit geraten war. „Das brauchen die doch heute“, murmelte der Restaurator in seinen Bart – und machte sich schnurstracks auf den Weg.

Clarissa zitterte am ganzen Leib. Die Mitternachtsmesse in der Ursulinen-Kirche näherte sich dem Höhepunkt. Zwei Schwestern zogen unter Glockengeläut den schweren Vorhang auf. Scheinwerfer beleuchteten das eindrucksvolle Bild: die Stadt Jerusalem am Horizont, Hirten auf bemoostem Feld, ein ganz in weißen Damast gekleideter Verkündigungsengel und der Stall von Bethlehem mit dem Jesusknaben in der Krippe. Er lächelte und sah so friedlich aus.

„Holder Knabe im lockigen Haar“. Wieder war das Weihnachtswunder geschehen. Wie jedes Jahr. Nur Schwester Clarissa wusste, dass diesmal das Wunder ein ganz besonderes war.

Ihre Hand!

Es war nur eine flüchtige,
kaum wahrnehmbare Berührung.
Die Sonne schien,
Herbstlaub fiel auf die Aussegnungshalle.
Wir trugen einen Freund zu Grabe,
seine Witwe ging hinter dem Sarg.

Meine Gefährtin saß neben mir
auf einer Friedhofsbank.
Ich schickte mich an abzureisen.
Nach Arabien, in den Jemen.
Und sie vorübergehend alleine zu lassen.

Was alles drückte sie da wohl aus,
diese flüchtige, kaum wahrnehmbare Berührung.
Ihrer Hand an meinem Knie.

23. Oktober 1999, Dämmerung über Kairo

Die Liebe hört niemals auf

Klugheit ohne Liebe macht gerissen.
Freundlichkeit ohne Liebe macht heuchlerisch.
Ordnung ohne Liebe macht kleinlich.
Sachkenntnis ohne Liebe macht rechthaberisch.
Macht ohne Liebe macht gewalttätig.
Ehre ohne Liebe macht hochmütig.
Besitz ohne Liebe macht geizig.
Glaube ohne Liebe macht fanatisch.

So schreibt der chinesische Philosoph Laotse. Das war der Anfang eines Adventssingens zugunsten der „Nepalhilfe Aham“ in der Ursulinenkirche St. Josef.

Wenn Laotse sagt: „Gerechtigkeit ohne Liebe macht hart“ oder „Wahrheit ohne Liebe macht kritiksüchtig“, dann ist diese Botschaft mit den Erkenntnissen des Apostels Paulus fast wortgleich identisch; Worte, die wir aus dem „Hohen Lied“ kennen. Dort heißt es:

Wenn ich die Sprache der Menschen und der Engel redete,
hätte aber die Liebe nicht, wäre ich dröhnendes Erz
oder eine lärmende Pauke.

Und wenn ich meine ganze Habe verschenkte,
und wenn ich meinen Leib dem Feuer übergäbe,
hätte aber die Liebe nicht, nützte es mir nichts.

Die Liebe ist langmütig, die Liebe ist gütig.
Sie ereifert sich nicht, sie prahlt nicht,
sie bläht sich nicht auf, sie handelt nicht ungehörig,
sucht nicht ihren Vorteil, lässt sich nicht zum Zorn reizen,
trägt das Böse nicht nach.

Die Liebe hört niemals auf …
Für jetzt bleiben Glaube, Hoffnung, Liebe, diese drei;
doch am größten unter ihnen ist die Liebe.

Milarepa hat vor tausend Jahren gelebt. Er war ein tantrischer Meister und Apostel des Tibetischen Buddhismus. Er gilt als einer der größten Asketen Tibets. Sein Text – aus buddhistischer Sicht – klingt ganz ähnlich:

Wenn nicht mit Worten wahrhaftigen Sinnes verbunden,
sind Lied und Stimme, wenn auch noch so wohltönend,
nur einer Zither ohne Saiten gleich.

Wenn nicht durch Gleichnisse, im Einklang mit der Religion,
erläutert, sind Worte, wenn auch mit Geschick gesetzt,
nur ein leeres Echo.

Wenn die praktische Ausübung der Religion
nicht von Herzen kommt, ist es, auch wenn man sagt,
dass man sie kennt, nur bloße Täuschung.

Wenn man über die Vorschriften der Unterweisung
in der Wahrheit nicht nachdenkt, ist es,
auch wenn man die Bergeinsamkeit wählt,
lediglich sinnloses Missgeschick.

Wenn man die heilige Religion des wahren Heils nicht übt,
ist die Magie, auch wenn man sehr stark darin ist,
schieres Unglück.

Und wenn man letztlich den Sinn der guten Worte
nicht durch sein Tun bestätigt,
ist man nicht mehr als ein Lügner.

Reinigt Euch von den Lastern,
und sie werden sich allmählich vermindern.

Ein Besuch im Himmel eben.

Die Himmelstür

Kalter Nebel greift mit Schemenfingern zu Nasenschildern und Neonreklamen. Grauer Stoff, aus dem im Märchen Tarnkappen gemacht werden, verhüllt schwebend und schwerelos Gebäude, Brücken und Menschen. Sogar die im Advent in die Fußgängerzone Altstadt geholten Christbäume. An den haushohen Fichten und Tannen sind nur noch da und dort die funkelnden elektrischen Lichter undeutlich zu erkennen: Sternenstaub vor den Schatten der nässetriefenden Stadt. Diese kleine, überschaubare, 800 Jahre alte Stadt am Fluss, deren Wahrzeichen eine wehrhafte, mittelalterliche Burg ist, oben auf dem Berg, ein hoher Turm und ein gotischer Straßenzug.

Die Lokalzeitung hat sich wie alle Jahre ein fantasievolles Weihnachtsrätsel ausgedacht, einen beziehungsreichen Adventskalender mit 24 Türen. An allen Dezembertagen bis zum Heiligen Abend wird als Aufmacher im Lokalteil ein bedeutendes Portal der Stadt, eine unscheinbare Pforte oder eine besonders liebevoll geschmückte Haustür abgebildet – an Samstagen immer zwei – total oder im Detail, manchmal mit barockem Rahmen, manchmal nur die markante Klinke. Die Redaktion druckt dazu eine Telefonnummer ab. Wer zuerst anruft und korrekt angibt, wohin die abgebildeten Türen führen, gewinnt einen der wertvollen Preise, die von der Geschäftswelt zur Verfügung gestellt wurden, aber auch von Verbänden, Vereinen oder Institutionen.

Es ist erstaunlich, über welche Vielfalt an schönen Türen die Stadt verfügt, an repräsentativen Bauten wie Rathaus, Stadtresidenz oder Burg, aber auch an Bürger- oder Handwerkerhäusern, an Traditionsgaststätten, Apotheken oder Antiquariaten. Die Bürgerschaft rät begeistert mit. Manche Tür ist schnell gefunden, anderntags dauert es überraschend lang, bis der Preis vergeben ist. Heute ist es ein

Museumsbesuch, morgen ein Einkaufsgutschein, einmal sogar eine Probefahrt mit einem neu herausgekommenen Sportwagen der Luxusklasse.

Der 24. Dezember fällt in diesem Jahr auf einen Freitag. Die Adventsrätseltür in der Zeitung ist auf einer ganzen Seite abgedruckt, ganz in Gold gerahmt, jedes Detail der Maserung ist zu erkennen. Das kleinteilige Gitter vor dem Guckloch in der Mitte, die eisernen Beschläge. Der Zeitungsredakteur, der den ungewohnten und ungeliebten Frühdienst am Rätseltelefon übernommen hat, wundert sich, dass bis 7.00 Uhr noch niemand angerufen hat. Um 8.00 Uhr lässt er den Anschluss überprüfen und um 9.00 Uhr gibt's für alle einen Rüffel des Chefredakteurs, weil offensichtlich ausgerechnet die letzte Tür vor Weihnachten von den Lesern niemand kennt. Ein zu schweres Rätsel, das weiß der erfahrene Zeitungsmann, ist schlecht für die Werbekundschaft. Das wird Beschwerden geben. Und alle sind ein wenig ratlos.

Klara hat sich auf diesen letzten Morgen vor Weihnachten besonders gefreut. Weil bald das Christkind kommt und – weil Onkel Reinhard zu Besuch da ist. Er reist immer zu den Feiertagen aus dem fernen Amerika an, um seine Schwester zu besuchen, um sein früheres Zuhause zu sehen, die Heimat. Klara freut sich auf das Frühstück mit dem Onkel; es ist ein Ritual. Sie hört gerne seinen Geschichten zu, aus fernen Ländern. Und er lässt sich von ihr erzählen, was es in der kleinen Stadt Neues gibt. Bei der zweiten Tasse Kaffee schlägt Onkel Reinhard die Zeitung auf. Und sein Blick fällt auf die riesig groß abgedruckte Tür. Und er liest, wie elektrisiert, was da steht: „Adventsrätsel. Erkennen Sie die Tür und gewinnen Sie einen Besuch im Himmel!“ – Die Tür. Diese Tür! Warum kommt die ihm so bekannt vor? Das gibt's doch nicht. „Schau mal, Klara“, murmelt der Onkel, „weißt du, was das für eine Türe ist?“

Klara schüttelt den Kopf: „Ob die zur Burg gehört, vielleicht zum Burgverlies?“, meint das Mädchen, „jedenfalls sieht sie mächtig aus, schwer und alt, sehr alt.“ Onkel Reinhard hört gar nicht richtig zu. Er legt die angebissene Semmel aus der Hand, steht auf und geht ins Wohnzimmer. Er weiß, dass seine Schwester im Bücherregal eine Ecke eingerichtet hat, wo sie ein paar Zeichenmappen aus seiner Zeit als Architekturstudent aufbewahrt. Das war vor über 50 Jahren. Er findet schnell eine Dokumentenmappe in vergilbtem Blau, auf der in seiner schönen, geradlinigen Handschrift nur ein Wort steht: „Kirchen". Onkel Reinhard zieht den Gummi von der Pappe und blättert in dem kleinen Bündel von Zeichnungen. „Da ist es", ruft er triumphierend, „ich hab's gewusst!" Und schon hält er eine Tuschezeichnung neben die Fotografie aus der Zeitung. „Krass", flüstert Klara begeistert, „das ist die Tür!" – Und schon greift sie zum Telefon. Wo sonst immer belegt ist, heute gibt's ein Durchkommen. Klara nimmt die Zeichnung zur Hand und liest aufgeregt ab, was darunter steht: „Tür zum Orgelchoraufgang in der Kirche von St. Martin".

Wie in Trance hört sie, was der Journalist am anderen Ende der Leitung zu ihr sagt. Sie hat gewonnen. Im Adventsrätsel der Zeitung. Und der Preis ist ein ganz besonderer. Sie soll mit ihren Eltern, ihren Geschwistern und mit ihrem Onkel Reinhard natürlich heute Abend – am Heiligen Abend – um 22.00 Uhr, eine Stunde vor der Christmette – ins Münster von St. Martin kommen. Zu dieser rätselhaften Tür. Zum versprochenen „Besuch im Himmel".

Es ist auch für Onkel Reinhard ein besonderes Erlebnis. Am 22. Juli 1950 hat er – als junger Mann – übungshalber verschiedene Gebäulichkeiten und Architekturmerkmale in seiner Heimatstadt gezeichnet. Aus den Angaben auf der Zeichnung weiß er, dass die Tür, vor der er jetzt – nach einem halben Jahrhundert – erstmals wieder steht, 121 Zentimeter breit ist und dass drei Stufen hinaufführen. Hinter der Tür war Onkel Reinhard nie. Und jetzt wartet da am Weihnachtsabend nicht nur eine Vertreterin des Pfarrgemeinderates, sondern auch der Kirchenpfleger und der Stadtpfarrer. Und schon knarzt der kantige Schlüssel im Schloss und die Tür im Rückraum der Martinskirche, gleich neben dem Hauptportal, schwingt leise in den Angeln quietschend auf. Sofort beginnt ein steiler Aufstieg über schneckenartig verwundene Wendeltreppen. Orgelmusik ertönt, der

Chor stimmt sich für die Mette ein. Engelsmusik, so kommt es Klara vor, die leiser wird, zurückbleibt, je höher sie steigen.

An der Orgelempore vorbei, erreicht die kleine Gesellschaft die Türmerstube, wo der Pfarrer die Gewinnerfamilie namens der Gemeinde herzlich beglückwünscht und offiziell begrüßt. Klara bekommt ein buntes Buch, ganz neu auf dem Markt, mit zauberhaften Fotografien und Geschichten über den höchsten Ziegelturm der Welt, in dessen Innerem sie jetzt weiterklettert, hinauf zu den gewaltigen Glocken, die sie dröhnend und wummernd empfangen und mit klarem Klang begleiten, bis ganz hinauf, in die Rotunde unter dem Turmhelm, wo es ziemlich düster ist und der Boden seltsam schwingt. Der Kirchenpfleger hat auch für die kleine Eisentür am oberen Ende der langen Treppe den richtigen Schlüssel. Als Erste schreitet – stolz, mit vor Aufregung glühenden Wangen – Klara hindurch. Onkel Reinhard, der groß gewachsen ist, kann die Engstelle nur gebückt passieren.

„Frohe Weihnachten", sagt der Pfarrer. „Frohe Weihnachten", erwidert Onkel Reinhard mechanisch. Er ist ergriffen, gerührt. Klara steht, wie ihre Geschwister auch, wie Mama und Papa, stumm und staunend auf dieser besonderen Plattform. Der Nebel hat sich gelichtet. Es ist frostig geworden. Aber keiner spürt die Kälte. Unten die Lichter der Straßen, die Christbäume in der Altstadt, die Weihnachtsbeleuchtung, die Kerzen in den Fenstern. Ameisen auf dem Pflaster, Menschen – schwarzen Punkten gleich – unterwegs zur Christmette. Und nur wenig weiter oben, zum Greifen nah, die Sterne, die aussehen wie Zigtausend Taschenlampen auf schwarzem Samt. Klara fällt ein, dass der Lehrer in der Schule den Martinsturm manchmal „Fingerzeig Gottes" nennt. Oder auch eine „Antenne nach oben". Bisher hatte sie das nie so richtig verstanden.

Der Hauptpreis im Adventsrätsel der Zeitung war wirklich ein ganz besonderer: ein Weihnachtserlebnis, das man sich nicht kaufen kann.

Ein Besuch im Himmel eben.

Ein pastellfarbenes Band …

Ein „pastellfarbenes Band“
zwischen Dingpoche und Landshut,
zwischen dem Chukhung Ri und dem Birkenberg.
Der Weg durch die eisstarren Berge
macht die Gedanken klar.
Jede Ablenkung fehlt. Und dir wird messerscharf
und in heißem Feuer gebrannt klar,
was du im Leben wirklich brauchst und was du liebst.

Vielleicht musst du deshalb von Zeit zu Zeit fort
und in kalten Zelten zwischen hohen Gipfeln schlafen,
umgeben von Yaks und Yetis,
von Amis in kurzen Hosen
und Trekking-Touristen aus einer fremden Welt.

Samstag, 8. November 1997,
Dingpoche, Khumbu, Nepal

Ich biete dir Frieden

Ich biete dir Frieden …
Ich biete dir Freundschaft …
Ich biete dir Liebe …

Ich höre deine Nöte …
Ich sehe deine Schönheit …
Ich fühle deine Gefühle …

Meine Weisheit kommt
von einer höheren Kraft.
Ich begrüße diese Kraft in dir.
Komm lass uns zusammen
arbeiten.

Worte von Mahatma Gandhi – die „Große Seele“! Die auf verblüffende Weise mit einem Text von Bischof Johann Michael Sailer korrespondieren, der im frühen 19. Jahrhundert als Professor an der Landshuter Universität gewirkt hat:

Ihm zu Ehren fand im Landshuter Jubiläumsjahr 2004 (800 Jahre) eine Ausstellung statt, die den Titel trug: „Licht – Liebe – Leben“. Bischof Sailer, der bayerische Kirchenvater, schreibt:

Wenn du alle Länder und Meere
nur auf der Land- und Seekarte hast,
so hast du von allen Ländern und Meeren – nichts.

Wenn du alle Religion, Tugend, Weisheit und Seligkeit
nur auf der Landkarte deines Denkens hast,
so hast du von aller Religion, Tugend, Weisheit
und Seligkeit – nichts.

Der große Gott als kleines Kind

Petra konnte es nicht verstehen. Da hatte ihr die Mutter bei jedem Besuch in der kühlen, unendlich großen heiligen Halle ebenso liebevoll wie streng bedeutet, dass man im „Haus Gottes“ nicht herumrennt und zwischen den Bankreihen mit dem Bruder Fangmich spielt, obwohl das riesige Haus der Kirche von St. Martin sich dafür geradezu anbot. Mit dem glatten, hallenden Steinpflaster und den dunklen Ecken hinter den Altären, wo man sich so gut verstecken konnte.

Petra konnte es nicht verstehen. Sie stand wie jeden Donnerstag mit ihrer Mutter vor der Muttergottes, um – nach dem Einkaufen in der Stadt – ein Kerzenlicht aufzustecken und ein unschuldiges Gebet zu sprechen, so wie sie das im Kindergarten gelernt hatte. Normalerweise war es um diese Zeit wirklich still in der Kirche. Das fünfjährige Mädchen spürte die besinnliche Atmosphäre und es fühlte sich wohl – so nah beim lieben Gott, der an einem riesigen Kreuz himmelhoch zwischen den Säulen im Gewölbe des Münsters hing. Die Kirche mit dem allerhöchsten Kirchturm in ganz Bayern.

Petra konnte es nicht verstehen, dass an diesem Ort der Stille Männer mit Eisenstangen scheppern durften. Dass der liebe Gott heute irgendwie komisch aussah, wie er da ein wenig schief an dicken Drahtseilen hing und – so sagte die Mutter – aus alter Gewohnheit flüsternd – „heruntergeholt“ wurde. Während der Kreuzabnahme wurde das Ewige Licht gelöscht und das Allerheiligste aus dem Tabernakel entfernt. Für einige bewegende Stunden wandelte sich der Altarraum von St. Martin zur hochtechnisierten, profanen Baustelle.

Wo sonst die heilige Messe gefeiert wurde, zur Freude Petras oft mit großen Kerzen, klingenden Glocken, bunt berockten Ministranten und süß duftendem Weihrauch, wurden an diesem ungewöhnlichen

– ein Kerzenlicht aufstecken …

Tag Metallteile verschraubt, wuchsen klirrend Eisengerüste zur Gewölbedecke empor. Starr vor Faszination und Erstaunen sah das Mädchen zu, wie das monumentale Chorbogenkreuz an Stahltrossen aus dem Himmel zu den Menschen schwebte. Und dabei immer noch größer wurde. Die Mutter erklärte Petra, dass der vor mehreren Hundert Jahren aus Holz geschnitzte Christus 5,80 Meter von der imposanten Dornenkrone bis zu den blutbeschmierten Zehen misst, 5,40 Meter von Fingerspitze zu Fingerspitze. Und dass er gereinigt und neu bemalt werden muss. Die Zahlen sagten dem Kind wenig. Für sie war der liebe Gott jedenfalls riesig groß. So groß wie ein Fußballtor. Wie ein Riese aus dem Märchen. Unbeschreiblich groß. Einfach gigantisch.

Für ein kleines Mädchen ist die Zeit von August bis Dezember unendlich lang. Kinder dieses Alters denken im Sommer noch nicht an den Winter. Und irgendwie hatte Petra über die Urlaubsfahrt mit den Eltern nach Spanien ans Meer und das neue Abenteuer Vorschule dieses dramatische Erlebnis im Martinsmünster vergessen, obwohl sie in der Nacht danach noch vom lieben Gott geträumt hatte, der größer war als alle Riesen zusammen. Ein richtiger König der Riesen.

Und jetzt war es plötzlich Advent geworden. Die Tage in Landshut waren düster und grau. Dafür leuchteten aber in der Altstadt viele elektrische Kerzen, überall funkelte und glitzerte eine spannende Welt in Schaufenstern und Kaufhäusern. Und eines Nachmittags in der Woche vor Weihnachten ging Petras Mutter mit den Kindern auf den Christkindlmarkt. Petra und ihr ein Jahr älterer Bruder Michael, der jetzt schon zur Schule ging, genossen diesen Spaziergang, denn sie freuten sich schon sehr aufs Christkind und der Papa hatte ihnen verraten, dass auf dem Christkindlmarkt auch manchmal die Engel einkaufen, damit es am Heiligen Abend schön wird in den Kinderzimmern und Wohnstuben.

Petra war stumm vor Aufregung. Immer, wenn ihr etwas besonders gut gefiel, verschlug es ihr die Sprache. Und hier gefiel ihr alles besonders gut: die Spielzeugeisenbahn, die tutend ihre Kreise um die

... so nah beim lieben Gott.

Buden drehte, die vielzackigen Strohsterne, die hauchzarten Christbaumkugeln, die im Scheinwerferlicht funkelten wie himmlisches Kristall. Sie genoss den zauberhaften Duft nach Bratwürsten und Kinderglühwein. Und natürlich musste alles auch probiert werden.

Plötzlich aber zog ein riesiger Stand mit Krippenfiguren das Mädchen magnetisch an. Petra starrte mit weit aufgerissenen Augen die winzigen Schafe an, die nur fingergroßen Hirten, die prächtig gewandeten Könige mit Kamelen und – faustgroßen Elefanten. „Das sind alles Gestalten, die in der Weihnachtsgeschichte vorkommen", versuchte die Mutter Petra zu erklären, „wenn ihr schön brav seid, bringt euch das Christkind auch so eine Krippe und stellt sie unter den Christbaum."

„Was ist das?", fragte Petra geistesabwesend, so wie wenn sie gar nicht zugehört hätte und nahm mit ihren winzigen Fingern, unendlich zart, ein nur knapp zwei Zentimeter großes Jesulein aus einer Kiste mit vielleicht zweihundert nur knapp zwei Zentimeter großen Jesuleins heraus und legte es ihrer Mutter in die Hand. „Das ist das Christkind", sagte die Mutter erstaunt, „der liebe Heiland, der für uns als Mensch im Stall von Bethlehem auf die Welt gekommen ist, um uns zu erlösen."

Petra schüttelte den Kopf. Immer wieder schaute sie in die Kiste mit den Jesusfiguren aus rosa Plastik, dann zu dem Verkäufer, der schon ein wenig misstrauisch die Szene beobachtete, und schließlich zu ihrer Mutter. „Stell dich nicht so an", sagte Michael ebenso altklug wie ungeduldig, „das ist doch bloß eine Puppe. In Wirklichkeit ist der liebe Gott doch viel größer!"

„Ich weiß schon", flüsterte Petra fast andächtig, der plötzlich die unheilige Szene aus dem Sommer wieder eingefallen war, als in St. Martin die Handwerker herumschepperten und das riesige Chorbogenkreuz lärmend zu Boden ließen. „Gell, Mama, auch der liebe Gott von St. Martin ist nur eine Puppe, aber viel größer?"

Auf dem Christkindlmarkt St. Jodok

Die Mutter wusste nicht recht, was sie dazu sagen sollte: „Weißt du", meinte sie dann nachdenklich, „du hast irgendwie schon recht. Das kleine Jesulein für die Krippe im Wohnzimmer und der riesige gekreuzigte Heiland in der Martinskirche, beides sind Figuren, die uns Menschen dabei helfen sollen, die Heilsgeschichte zu begreifen und die Größe Gottes."

Petra zögerte wieder einen Moment, schaute noch einmal die Jesusfigur auf der Handfläche ihrer Mama an, um dann für sich und für alle Umstehenden, die es hören konnten, ein für alle Mal festzustellen: „Jetzt weiß ich, was die Tante Waltraud im Kindergarten meint, wenn sie sagt, es sei ein wirkliches Wunder und eine Gnade, dass der große Gott ein kleiner Mensch geworden ist."

Und geradezu andächtig legte Petra das Plastikpüppchen in die Kiste zu den anderen zurück. „Wann kommt das Christkind, Mama?", fragte sie. „Noch fünfmal schlafen", lautete die Antwort, „und bestimmt bekommt ihr auch eine Krippe mit Josef und Maria, Ochs' und Esel, den Heiligen Drei Königen, den Hirten mit ihren Schafen und – dem kleinen Jesulein in seiner Krippe auf Heu und Stroh."

Petra lächelte wie ein kleines, blondes Englein: „Ja, Mama, und wir wissen genau, wie groß der liebe Gott wirklich ist! – Größer als der Martinsturm."

Der Knoten des Geizes

Namasté – ich grüße den göttlichen Funken,
der die Erde licht und hell macht,
den Du unaufhörlich in Dir trägst.

Das Dach der Welt. Der Himalaya. Die höchsten Berge der Erde. Sitze der Götter. Und das niederbayerische Hügelland. Mit seinen Feldkreuzen. Aus dem „Sister Frances" stammt. Die über 90 Jahre alt wurde. Die ihre Heimat nie vergessen hat. Wie klein ist unsere Welt doch – in Wirklichkeit. Und wie ähnlich sind die Sorgen und Wünsche der Menschen. Überall blühen die Weihnachtssterne. Hier und dort.

Wir wollen wie „Sister Frances" die Brücke schlagen, zwischen den Welten, zwischen den Religionen, zwischen den Kulturen. Die sich so ähnlich sind, wenn man auf das Wesentliche schaut. Auf das, was die Menschen wirklich bedrückt.

Milarepa, buddhistischer Asket aus dem 11. Jahrhundert, Bettelmönch, Märchendichter, Liedermacher, hat Gesänge hinterlassen, die bis heute populärste Literatur im Himalaya sind. Allerdings werden sie eher selten für ein Adventssingen verwendet. Schade eigentlich, sie passen so gut.

Der Duktus der Botschaft geht auf weiter Strecke mit christlicher Philosophie durchaus konform. Da ist nämlich von Nächstenliebe die Rede, vom „Knoten des Geizes" und von der Pflicht zu handeln:

Wenn der Hang zur Skepsis nicht zerstört wird,
wozu nützt dann die Beschauung des Gemüts?

Wenn das Verlangen nach Glück der Eigensucht
nicht gemieden wird, wenn man sich nicht um das Heil
der Wesen bemüht, was nützt dann stolzer Wandel?

Was nützt lang andauernde Meditation?
Wenn man als Frucht nicht die Uneigennützigkeit erwirbt.

An den, der die Ausführung der trefflichen Beschauung lehrt,
richte ich mein Gebet in dieser würdigen Versammlung.

Möge er – durch die gute Wirkung der Werke –
uns segnen, dass wir uns bald wieder treffen!

Der Code

An vertrauten Plätzen
Fehlen vertraute Menschen.
Sie kennen die Code-Wörter!

10. Mai 2002, Kathmandu

„Petrus hilf, wir haben keinen Strom"

Peter darf seinen Bilbo Beutlin aus „Herr der Ringe“ mit in die Kirche nehmen – weil ihn doch das Christkind gerade erst gebracht hat. Und dasselbe Recht nimmt Christl in Anspruch, bezogen auf ihre prozessorgesteuerte Schlafpuppe „Krissie“ mit Schmollmund, Klapplidern und einem Tank im Bauch, der es möglich macht, dass der Wonneproppen aus Zelluloid wie ein richtiges Baby aus der Flasche trinken kann – und das Gegenteil auch.

Rund um das gotische Münster zu St. Martin lässt sich – wie üblich – kein Parkplatz finden. Domfreiheit und Martinsfriedhof sind verkehrsberuhigt, die Altstadt der vor über 800 Jahren an einem Isarübergang gegründeten Stadt Landshut ist als Fußgängerzone ebenfalls autofrei. Und so kommt zu Fuß zur Mitternachtsmesse, wer sich die nervige Parkplatzsuche wenigstens an Weihnachten ersparen will. Eine gute Gelegenheit für die Damen, nebenbei erwähnt, den neuen Pelzmantel oder die High-Heels-Christkindl-Lammfellstiefel aus der In-Boutique „Modern Art“ auszuführen.

Mit kräftigen Stimmen rufen schwere Glocken die Gläubigen zum Gottesdienst: „Freut Euch ihr Christen all. Ein Kind ist uns geboren, ein Sohn ist uns geschenkt … !“ – Die Melodie fängt sich in den Gassen, dröhnt im weiten Festsaal Altstadt, pendelt wie himmlisches Echo zwischen den Schallfenstern der Glockenstube im Martinsturm und der Burg Trausnitz auf dem Hofberg, die in längst vergangenen Jahrhunderten einmal die Regierungszentrale Bayerns war, stolzer Sitz der Reichen Herzöge.

Kaum ein anderes Mal im Jahr ist St. Martin, dieses in gotischer Zeit aus Bürgerstolz und Frömmigkeit burghoch aufgetürmte Bauwerk, so gut gefüllt wie in der Christnacht. Die Menschen mögen das stimmungsvolle Fest und sind voller Erwartung: Sie freuen sich auf den

Glanz der kunstvoll geschmückten Christbäume im Chorraum, auf den konzertanten Wohlklang von der Orgelempore und auf das innige „Stille Nacht – Heilige Nacht" am Ende der Mette, bevor die Turmbläser das „Oh du fröhliche …" aus erhabener Position auf die fromm erbaute Menge wehen lassen, die sich „gesegnete Weihnachten" wünschend und Hände schüttelnd aus dem mächtigen Hauptportal über die breiten Stufen in die Altstadt ergießt.

Doch so weit sind wir noch nicht. Denn gerade läutet der Mesner von der Sakristeitür her die Mette an. Pünktlich beginnt das Hochamt. Ministranten in roten Talaren, die weißen Chorröcke akkurat aufgebügelt, öffnen routiniert und mit zeremoniellem Schwung die Flügel der hölzernen Türe, die Turmhalle und Hauptschiff voneinander trennt. Der Klerus zieht ein, würdige kanonische Herren voraus, Stiftspropst Bernhard Schömann flankiert von Diakonen. Brausend – einem Wintergewitter gleich – setzt die Orgel ein. Wie das Rote Meer vor den Israeliten teilt sich die Menge. Altarkuss, Weihrauch-Inzens, Begrüßung; das Kyrie intonieren kraftvoll Chor und Orchester …

Dann das Tagesgebet. Hell gleißen die Strahler im Chorraum, lichtstarke Scheinwerfer treffen das Chorbogenkruzifix. Mikrofone und Lautsprecher lassen die Worte des Priesters bis in die entlegensten Winkel der Kirche dringen. Plötzlich – mitten im Satz – reißt das Wort ab: „Das gewähre uns der Mensch gewordene …" Nein, es reißt eigentlich nicht ab, die letzten Worte der Formel sind nur leiser zu hören; man muss sich besser konzentrieren, um alles zu verstehen. Und es ist auch nicht so, dass es plötzlich stockfinster wäre in der Kirche, nein, nur kommen auf einmal die Kerzen besser zur Wirkung, und es sind vor allem viel mehr Kerzen als soeben noch. Dutzende, Hunderte, an den Säulen, zwischen den Bankreihen, auf riesigen Ständern den Priestersitz flankierend.

Es hat sich so vieles verändert. Alles scheint irgendwie anders zu sein. Obwohl der Raum derselbe geblieben ist. Und wohl auch der Anlass des festlichen Gottesdienstes. Christl hält jetzt eine kleine Puppe aus Wollstoff und Leder an ihr wärmendes Filzwams gedrückt, Peter hat eine Holzkuh vor sich auf die Kirchenbank gestellt, die offensichtlich der Vater geschnitzt hat. Keine Spur mehr von Persianermänteln oder Lammfell-High-Heels. Die Menschen tragen schlichte wollene Jacken über den Beinlingen, flache Lederschuhe, handgewirkte wärmende Überwürfe …

Von der lange nicht mehr benutzten Kanzel mitten im Langhaus der Kirche singt ein Diakon mit klangvoller Stimme das Weihnachtsevangelium. In der Predigt geht der prächtig in goldene Gewänder gekleidete Hauptzelebrant nachdenklich auf einen blutigen Krieg ein, der seit fast zwei Jahren um das Erbe von Herzog Georg dem Reichen geführt wird, der 1503 gestorben ist. Er mahnt zu Gebet und Umkehr und tröstet, dass in Not und Mühsal Gott den Menschen seinen Sohn sendet. Das Kind in der Krippe …

Mit ernsten Gesichtern folgen die Menschen dem zeremoniellen Geschehen, das sich mittlerweile an den Hochaltar verlagert hat. Mönchsgesang hat das Orchester abgelöst, Chorknaben mit Fackeln begleiten die Kommunionspender in die dunkleren Seitenschiffe, Kelche und Hostienschalen glitzern im flackernden Licht meterhoher Kerzen. Weihrauch wabert in weißen Wolken hinauf zu den Kreuzrippengewölben der Kirche; Hoffnung weht in die geöffneten Herzen der Gläubigen … weil Weihnachten ist.

Am nächsten Morgen, 25. Dezember, der erste Feiertag, meldete der Lokalsender „Radio Trausnitz“ Unfassbares: In der Heiligen Nacht war in ganz Landshut der Strom ausgefallen. Eine Stunde lang liefen weder Radio noch Fernsehen. Keine Schaufensterbeleuchtung. Nicht einmal die Straßenlampen brannten. Aber – es gab auch keine Unfälle, keine Plünderungen, keinen einzigen Notruf bei der Polizei. Und die Christmette in St. Martin wurde ohne Unterbrechung fortgesetzt.

Anmerkung: Diese Geschichte beruht auf einer wahren Begebenheit. Wegen eines Leitungsbruchs fiel während der Christmette 2004 in St. Martin der Strom aus. Ein großer Teil des Gottesdienstes fand ohne elektrisches Licht und ohne Mikrofonübertragung statt. Das Weihnachtsevangelium wurde von der Kanzel verlesen.

Gedanken an einen Freund

Schlüsselloch zum Mittelalter. Bab al Jemen!
Wegweisend gar in biblische Zeit. Sana'a.
Durch das die Königin von Saba zog
auf dem Wege nach Jerusalem.
Wilde Gestalten, Krummdolch im Gürtel –
Tee aus heißem Glas mit Zimtgeschmack
und den Kopf voller Gedanken – an einen Freund!

Rote Tücher zum Turban geflochten. Bab al Jemen!
Mit tausend Mustern, wild wehend im Wind. Sana'a.
Das Licht so grell und die Luft eiskalt.
Kat bläht der Männerwelt die Backen.
Seherazade und Aladin halten Hochzeit.
Da ist der Duft nach Kardamom und Koriander
und im Kopf die Sorge – um einen Freund!

Sana'a. Weihrauch lenkt die Schritte
zum Bab al Jemen.
Frauen tragen kajalschwarze Augen
zum Boden gesenkt.
Ein Eselsdenkmal zwischen verstaubten
Toyota-Kutschen.
Er nimmt sein Gnadenbrot im Marktgewirr.
Aus den Tiefen des Suqs wabern die Menschen
in staubig stetem stolzen Fluss durchs Tor.
Mein Glas ist leer getrunken, ich bin ganz allein
mit meinen Gedanken – an einen Freund.

25. Oktober 1998, Bab al Jemen, Sana'a

Die guten Menschen

Die guten Menschen sind weithin sichtbar
wie die Gipfel des Himalayas.
Menschen, die mit Mitgefühl leben
und anderen Gutes tun,
verändern ihre Mitmenschen.
Denn auf Dauer kann sich kein Mensch der Liebe
und der Zuwendung weiser Menschen entziehen.

Das Zitat stammt aus dem alten hinduistisch-buddhistischen Textbuch Dhammapadam.

Als Reiseleiter und Wanderführer kam ich 1997 zum ersten Mal ins Khumbu, die intensive Landschaft unter dem Mt. Everest und danach – mit gesammeltem Geld und beim Trekking glücklicherweise unverbrauchten Medikamenten im Gepäck – in die Mary-Ward-Armenschule bzw. in das kleine, beschauliche Kloster der Mary-Ward-Schwestern.

Und ich durfte dabei „Sister Frances“ kennenlernen, bei Weihnachtsplätzchen und Kaffee. Es war eine Begegnung, die mich geprägt hat, die ich nie mehr vergessen werde.

Sie hat ein langes Leben lang Mitgefühl gezeigt und immer ihre Werke für sich sprechen lassen. Wir Christen nennen es „Nächstenliebe“, Buddhisten sprechen von „Achtsamkeit“ …

Aus den Tiefen der Narrentreppe ...

Himmlische Nachtwache

Es ist später Nachmittag am 24. Dezember. Der Tag vor Weihnachten. Die Läden sind längst geschlossen, die Gassen menschenleer. Aller Lärm verstummt. In der alten Stadt zwischen Fluss und Berg nistet sich allmählich der Heilige Abend ein. Harsch knirscht unter kräftigen Schritten. Durch den schneehellen, weltabgeschiedenen, heimlich vor sich hin frierenden Hofgarten marschiert auf gut geräumtem Weg eine Gruppe erwartungsfroher Menschen, an der alten Ziegelmauer entlang, zur stolzen Burg Trausnitz hin. Die zwei Dutzend Frauen und Männer haben ein besonderes Erlebnis vor sich: die Nachtwächterin wird sie mit Gesang und Geschichten in den Weihnachtsabend hineinbegleiten. Der Verkehrsverein Landshut hat das organisiert, zum Abschluss des Romantischen Jahres in Ostbayern.

Das schwere hölzerne Burgtor ist verriegelt, wie man es zu dieser Tageszeit nicht anders erwartet, noch dazu vor ein paar Feiertagen. Mond und Sterne sind verborgen, und keine Lampe leuchtet; wie zartes Silber wirkt der schwache Lichtschimmer von der Stadt herauf, den die dicken Wolken auf die weißen Wiesen spiegeln. Dröhnend und ganz nahe der Stundenschlag von St. Martin, denn immerhin reckt der mächtige Ziegelturm den kreuzgekrönten Kopf bis in Burghöhe empor. Und dann quietscht am schmalen Manntor der eiserne Riegel. Die Luke öffnet sich und hervor tritt eine kräftige Frau mit Laterne und Hellebarde, Stiefeln, weitem Filzumhang und breitkrempigem Hut: Das muss sie sein – die Nachtwächterin.

„Hört, ihr Leut‘, und lasst euch sagen, unsere Uhr hat sechs geschlagen …

… werde euch das Schloss jetzt zeigen, doch ihr solltet dabei schweigen …“

Schon der Weg quer über den Burghof, von Laternen und Lichtern gut beleuchtet, die sich mit ihrer sanften Wärme längst Löcher in den Schnee geschmolzen haben, ist ein besonderes Erlebnis. Doch dann geht es – auf den Spuren der Reichen Herzöge – in die Dürnitz mit ihren historischen Öfen, in die fürstlichen Speiseräume, die breite Freitreppe hinauf zur ersten Galerie. Überall Kienspäne, Fackeln. Vielfältig das Spiel mit Licht und Schatten. Dort webt eine Leier zarte Töne, hier tritt ein Moritatensänger aus dem Dunkel der Geschichte und trägt Episoden reicher Vergangenheit vor. Aus den Tiefen der Narrentreppe, deren kostbare Fresken die Zeit der Commedia dell'Arte unter Kronprinz Wilhelm bewahrt haben, dringt gar grässlich-schaurig das Jammern des übermütigen Possenreißers, den der Herzog – seiner Witze überdrüssig – hier einst lebendig einmauern ließ.

„Hört, ihr Leut', und lasst euch sagen, unsere Uhr hat sieben geschlagen …

… komm Himmelsfürst, komm Wunderheld, geboren wird das Licht der Welt."

Stimmt, es ist ja der Abend vor Weihnachten. Die Heilige Nacht hat schon begonnen. Beim Wandern durch die Geschichte Landshuts hätte man fast darauf vergessen können. Auf gewundenen Wegen folgen die späten Gäste gedankenverloren der Nachtwächterin weiter durch die Zimmerfluchten der Burg Trausnitz. Der Boden knarzt, dort klappert leise ein loser Laden. Gelbe Flaschenboden-Fenster lassen draußen schemenhaft die Stadt erahnen. Stummes Staunen über gewaltige Kachelöfen, in die zur Zeit der mächtigen Wittelsbacher Landesherren ein Knabe hineinkriechen musste, um Asche und Schlacke herauszuholen.

Gemurmelte Begeisterung über den reichen Stuck an Decken und Wänden im italienischen Trakt. Lebhaftes Erschauern vor dem unbegreiflichen Mysterium, dass beim Brand der Burg vor über 40 Jahren alles ein Raum der Flammen wurde, nur die Kapelle mit ihren kostbaren klerikalen Kunstwerken nicht. Und so lockt die Laterne der

Nachtwächterin die späten Burgbesucher – wie einst der Stern von Bethlehem die Weisen aus dem Morgenland – hinauf zur zweiten Empore in das holzgetäfelte Zimmer, das den adeligen Damen bei Hofbällen als Ankleideraum und Schminkkabinett diente.

Die Nachtwächterin steht – plötzlich ganz weiblicher Petrus vor der Himmelstür – übergroß am Ausgang zum Söller. Söller – das ist der wahrscheinlich schönste Platz in der ganzen Stadt Landshut. Eine überdachte Terrasse knapp unter dem steilen Giebel der Burg, ein in den Himmel ragender Mastkorb über dem Meer der Dächer, ein unvergleichlicher, himmlischer Hochsitz, der Ausguck überhaupt. Ein hängender Garten, den Sieben Weltwundern zugehörig. Hier spielte Orlando di Lasso mit der Hofkapelle zum Tanz auf, hier versammelte Kaiser Napoleon seine Generäle und befahl – angesichts der märchenhaften Schönheit der alten Stadt – der siegreichen Armee, Landshut nur zu plündern, auf das übliche Brandschatzen aber zu verzichten.

Gegenwart und Geschichte werden in dieser Stunde eins. Historische Wahrheit und Märchen verschmelzen zu Legenden. Zeit zerfällt in Atome. Ehe die ungewöhnliche, einzigartige Burgführung auf dem Söller endet, lässt die Nachtwächterin noch einmal dröhnend ihr Horn erklingen:

„Hört, ihr Leut', und lasst euch sagen, unsere Uhr hat acht geschlagen,
stille Nacht – Heilige Nacht, Gott, der Herr, hat sie gemacht,
Himmelsboten auf dem Feld, bringen frohe Kund' der Welt,
Licht und Heil der ganzen Welt, Christus hat sich eingestellt!"

Irgendwie wird die Tür zum Söller der Burg Trausnitz zur Wohnzimmertür, hinter der hoffend und bangend die Kinder darauf warten, dass es drinnen läutet, zum hehren Zeichen, dass das Christkind da war. Leise, fast zögernd, treten die späten Burggäste auf die erhabene Dachterrasse hinaus. Und sie stehen staunend an der Brüstung und schauen hinunter in die filigrane Spielzeugwelt, auf die mittlerweile in dichten Flocken frischer, weißer Schnee fällt. Flocken tanzen hinunter zu den Lichtern in der Stadt, Flocken wirbeln über die Martinskirche, in der später die Christmette zelebriert wird. Tief treiben die schneeschweren Wolken. Und es scheint so, als sei der Himmel den Menschen so nahe gerückt wie noch nie zuvor.

„Hört, ihr Leut', und lasst euch sagen, unsere Uhr hat neun geschlagen, werde Licht, Jerusalem, vom geringen Bethlehem!"

Die Nachtwächterin ist plötzlich verschwunden. Nur ihre Stimme ist aus der Tiefe der Burg noch zu erahnen. Doch nein, es sind gar viele Stimmen. Unzählig viele, klare, helle Stimmen. Und sie kommen nicht aus der Burg. Sie sind nicht von dieser Welt. Sie kommen direkt aus den Wolken. Es ist himmlische Musik. Wahre Engelsmusik. Ein Weihnachtsoratorium ganz besonderer Art. – So muss es damals gewesen sein.

Tibet ist anders

So habe ich es mir nicht vorgestellt.
Obwohl alles so ist, wie ich es gelesen habe:
der kalte Wind, die aggressive Sonne, aride Ebenen,
höchste Schneeberge, tintenblaue Seen
und bunte Gebetsfahnen über Manimauern
und Tschörten.

So habe ich mir Tibet nicht vorgestellt,
obwohl alle die Bilder wahr sind,
die ich in Büchern und Filmen gesehen habe.
Die flatternden Windpferdchen,
die Pilger auf ihren Trucks,
die Lamas in den uralten Klöstern.
So habe ich es mir nicht vorgestellt.

Tibet ist mehr, viel mehr, als man lesen
und von ferne erkennen kann.
Tibet muss man selbst erleben,
mit allen Sinnen spüren,
mit eigenen Augen sehen, mit eigener Nase riechen,
mit eigenen Ohren hören.
So habe ich es mir nicht vorgestellt.
Tibet ist mehr, als man sich vorstellen kann.

Christoph Thoma
Pfingstsonntag, 19. Mai 2002
Manasarowar-See

Schöpfung

Bodhisattva Manjushri hat mit seinem Schwert die Berge des Himalayas geteilt und die Wasser des Ursees sind abgeflossen. Eine Lotusblume wuchs empor, aus der Brahma entstieg und die Welt erschuf. Die Entstehung des Kathmandu-Tals ist mit der Erschaffung der Erde in enger Verbindung. Und an das hinduistisch-nepalische Heilswesen Manjushri erinnert uns Christen der heilige Martin von Tours. Auch er zückte sein Schwert für eine gute Tat. Er lehrte uns leben. Er teilte den Mantel. Und bedeckte den Bettler.

Am 23. September 2006 ist im Maria-Ward-Konvent Kathmandu Schwester Maria Parstorfer zu Gott gegangen. Ausgestattet mit 70-jähriger Ordensprofess, nach einem Leben in der Mission, im Gebet begleitet von ihren Lieben in Niederbayern und in Nepal ist „Sister Frances" ruhig eingeschlafen. Ich konnte das schlichte Schwesterngrab in Godavari – nahe dem Botanischen Garten – außerhalb der staubig-stickigen Stadt besuchen.

Wir haben Anlass, uns zu freuen, dass wir sie gekannt haben, dass sie uns Vorbild ist. Auch der Konvent sieht das so. Schwester Elsie hat Michael Penzkofer, Vorsitzender des Vereins „Nepalhilfe Aham" vom Tod seiner Tante unterrichtet. Und dabei formuliert – Zitat: „Sr. Frances lived a humble and holy life and I am sure she is with her Lord enjoying. So we can pray to her and for her – sie lebte ein bescheidenes und heiligmäßiges Leben. Ich bin sicher, sie ist bei Gott. Und so können wir für sie und zu ihr beten."

Der Dalai Lama sagt: „Wir können nicht für immer auf Erden bleiben, ich genauso wenig wie Sie. Wir sind hier wie Touristen, bestenfalls dauert unser Aufenthalt hundert Jahre. Darum sollten wir mit diesem Leben etwas Nützliches und Positives anfangen und ein gutes und liebevolles Herz haben. Ob wir nun einige Jahre oder ein Jahrhundert leben, es wäre wirklich traurig und bedauerlich, würden wir während dieser Zeitspanne die Probleme, die Menschen, Tiere und Umwelt bedrohen, noch vergrößern."

Und Mahatma Gandhi hat gesagt: „Das Ziel weicht ständig vor uns zurück. Je größer der Fortschritt, umso größer die Erkenntnis unserer Unwürdigkeit. Genugtuung liegt im Einsatz, nicht im Erreichen. Ganzer Einsatz ist ganzer Erfolg!"

... weil wir Hofbergexoten so einen weiten ...

Der kürzeste Weg

Es gab sie wirklich, diese intensiven Winter. Mit viel Schnee, der früh kam und lange blieb. Ich habe am Hofberg Skifahren gelernt. Erst im elterlichen Garten, dann am „Todeshang" Weickmannshöhe. Und schließlich auch auf der anderen Seite der neuen Bergstraße, wo wir auf Achdorf zu „Skifliegen" veranstalteten. Ich erinnere mich an Familienspaziergänge am Sonntagnachmittag von der Gabelgasse aus auf Skiern durch die Weinzierlstraße, am Adelmannschloss vorbei in Richtung Berndorf. Und auf der glatt polierten Schneefahrbahn mit ihren braungelben Flecken konnten wir Buben mit dreimal Anschieben und sich dann Bäuchlings-auf-den-Schlitten-werfen vom Knabenschulhaus am Wasserturm bis nach Hause rodeln. Oder – in umgekehrter Richtung – vom Weinberg bis zur Rodelbahn unterhalb von Heiligblut. Locker.

Es muss einer dieser intensiven Winter gewesen sein. Mit viel Schnee, der früh kam und lange blieb. Weiße Weihnachten? Das war nichts Außergewöhnliches in meinen Kinder- und Jugendtagen. Schnee und Heiliger Abend gehörten einfach zusammen. Und ich erinnere mich an ein besonderes Trekkingabenteuer im Zusammenhang mit dem Besuch der Christmette in St. Martin. Bernhard und ich – wir waren zwei Hofbergler. Fußballer beim TUS Landshut-Berg. Kastaniensammler für die Hofgartenverwaltung. Könige der völlig vereisten Buckelrodelbahn nach Hagrain. Beherrscher der Nussbäume und was man als Hofberger G'wachs sonst noch so alles automatisch ist. Aber – und das war nun eher außergewöhnlich: Wir kombinierten unseren Hofbergstolz mit Ministrantendiensten in der Stadt. In St. Martin. Da gab es im Advent zwischen Engelamt und Schulbeginn Frühstück im Pfarrhof, weil wir Hofbergler Exoten so einen weiten Weg hatten.

Der weite Weg führte auf direkter Linie quer durch den Hofgarten. Durch die Büsche und über die Treppen. Meistens auch noch mit Fahrrad. Und ich muss nicht betonen, dass wir den Hofgarten kannten wie unsere Hosentaschen. Jeden Geheimgang, jeden Abkürzer, jedes Indianerlager. Der Hofgarten war unser Spielplatz zu jeder Tages- und auch zu jeder Nachtzeit. Denn für uns Buben gab es keine Öffnungszeiten und keine Hindernisse. Wenn das Hofgartentor an der Edmund-Jörg-Straße verschlossen war, dann kletterten wir eben routiniert über die Mauer. So kamen wir standesgemäß oben hinein und unten – beim Prantlgarten – wieder hinaus.

Es wäre Bernhard und mir natürlich nicht einmal im Traum eingefallen, in der Heiligen Nacht einen anderen Weg zu benutzen. Warum auch? Der eindeutig kürzeste Weg vom Hofberg in die Christmette nach St. Martin führt nun einmal durch den Hofgarten. Nur, dass es – wie erwähnt – an diesem Weihnachtsabend ganz besonders viel Schnee hatte und der Hofgarten nicht geräumt war. Und – auch das förderte das Fiasko nachhaltig – wegen des festlichen Abends hatten wir richtige Stoffhosen und Lederschuhe mit glatten Sohlen an.

Bernhard zerriss sich schon beim Einstieg in den Hofgarten mit lautem „Raatsch“ das rechte Hosenbein. Und ich stürzte beim ersten kleinen Abhang rücklings in den Schnee. Nass. Kalt. Aua. Und dann nahm der Wahnsinn seinen Lauf. Wir lagen mehr als wir standen, wir stürzten mehr als wir gingen und – schließlich ganz unten – bei der Malzfabrik – schlug ich mir noch die Knie blutig, als ich vom vereisten Mauersims springen musste, um nicht in den Stacheldraht zu fallen. – Fröhliche Weihnachten.

Um es kurz zu machen: Diese Christmette in St. Martin haben wir versäumt. Zurück in der Zivilisation, im Licht der Straßenlaternen, stellten wir fest, dass der Gottesdienst bereits begonnen hatte und an einen Kirchenbesuch in unserem Aufzug ohnedies nicht zu denken war. Beide hatten wir zerrissene Hosen und Anoraks. Beide bluteten wir. Und beide waren wir von den Zehen bis zu den Haaren patschnass. Und wir froren erbärmlich.

So entschlossen wir uns heroisch dazu, den Rückzug anzutreten. Mit einer Vernunft, auf die ich heute noch stolz bin, entschieden wir, wegen der schwierigen Umstände ausnahmsweise nicht auf dem kürzesten Weg nach Hause zurückzukehren. Wir wählten den Umweg über die Alte Bergstraße und den Graben. An das unvermeidliche Donnerwetter unserer Eltern zu Hause können wir uns nicht mehr recht erinnern. Nach so langer Zeit bleibt nur das Gute.

Die Pfarrei Hofberg-Heiligblut und die Stadtpfarrei St. Martin bilden heute einen Pfarrverband. Stadtkirche Landshut! Daran war damals, als es reihenweise diese intensiven Winter gab, mit viel Schnee, der früh kam und lange blieb, noch nicht zu denken. Vieles hat sich geändert, eines aber ist geblieben, von Weihnachten sagen wir mal 1970 bis heute: Der Hofgarten verbindet noch immer Hofberg und Stadt.

Es ist wirklich nur ein kurzer Weg von Heiligblut mit seinen maurisch anmutenden Rundtürmen zum Münster von St. Martin. Und ich gehe den Weg noch heute gerne. Allerdings muss es nicht mehr außerhalb der Öffnungszeiten sein, mitten in der Heiligen Nacht, bei Tiefschnee und Glatteis.

Zeit

Ein ganzer Sonntag.
Früh Aufstehen. Viel Zeit.
Doch das Schreiben fällt schwer heute.
Beim Mittagessen fehlt noch die Hälfte Text.
Und nach dem Kaffee kommt schon die Dämmerung.
Der ganze Sonntag hat prima auf einer Diskette Platz.
Verloren aber für immer
ist – die Zeit.

Sonntag, 21. September 1997

Seligpreisungen des Buddha

Selig ist, wer ohne Hass lebt,
obwohl Hass und Lieblosigkeit ringsum walten.

Selig ist, wer ohne Verblendung ist,
obwohl die Welt verblendet dahinsiecht.

Selig ist, wer frei atmen kann,
weil er das nimmersatte Raffen aufgegeben hat,
obwohl die Welt voller Gier sich selber frisst.

Selig ist, wer die Armut gewählt hat,
denn ihn durchströmt beseligend-göttliche Heiterkeit.

Brief aus Deutschland

Flirrende Hitze. Harmattan aus dem Sahel. Knochentrockene Ribeiras. Brecher für Brecher tost die Brandung an die Steilküsten von Cabo Verde, dieser fast vergessenen, winzigen Inselrepublik im Atlantik – zwischen Westafrika und Südamerika. Als Gott die Welt erschaffen hatte, rieb er sich zufrieden die Hände. Ein paar Lehmkrümel fielen dabei ins Meer – so entstanden die vulkanischen Eilande der ehemals portugiesischen Kolonie.

Der Sklavenpfahl in der alten Hauptstadt Cidade Velha auf Santiago erinnert an eine schlimme Zeit. Ein Pranger für Freiheit und Menschenrechte. Hier, wo der Postbote gerade die Hütte von Silvia Davide sucht, nahm die Geschichte der Kapverden ihren Anfang: Europäer trafen auf Afrikaner. Und so wurde der Crioulo geboren. Die Hautfarbe spielt keine Rolle auf dieser Oase im Ozean, wo Vasco da Gama auf seinem Weg nach Indien Wasser bunkerte, wo Sir Francis Drake – der „Herr der Sieben Meere“ – die Hafenstädte plünderte. Silvia, das zehnjährige Mädchen, ist braun wie frisch gerösteter Fogo-Kaffee, trotz ihrer semmelblonden langen Haare. Stolz nimmt die kleine Schönheit den ersten Brief ihres Lebens entgegen; die Alten tuscheln und Postmann Anildo macht sich lächelnd auf den Rückweg in belebtere Viertel.

Wo Silvia wohnt, gibt es kein elektrisches Licht. Ihre Mutter und die drei älteren Schwestern holen zweimal täglich vom drei Kilometer entfernten Brunnen Wasser, das sie in großen Eimern in einer Bewegung voller Anmut auf dem Kopf nach Hause tragen. Silvias Vater verdient als Bauer nur in Regenjahren so viel Geld, dass Silvia und ihre Geschwister neue Kleidung oder gar Schuhe erhalten, dass die Hütte ausgebessert wird, dass die Mutter auf dem Markt Fleisch kaufen kann. Regenjahre sind selten auf Cabo Verde. Normalerwei-

Und für Silvia Davide ist ein Wunder...

se reicht die Ernte von Mais, Manniok oder Yams gerade zu einem ärmlichen Leben von der Hand in den Mund.

Silvia würde zu gerne die Schule besuchen. Sie sehnt sich nach Papier und Buntstiften, nach der grünen Bluse, die ihre Freundinnen zum dunklen Rock der Schuluniform tragen. Und jetzt hat sie tatsächlich den Brief aus Deutschland bekommen, auf den sie so lange gewartet hat. Schon sechs Wochen ist es her, seit die Touristin aus Europa Cidade Velha wieder verlassen hatte, verschwunden war in einem großen klimatisierten Reisebus mit getönten Fenstern. „Ich schreibe dir, Silvia", hatte die Frau gesagt, in einem ganz gut verständlichen Portugiesisch. „Ich schreibe dir!" – Aber das hatten schon so viele gesagt. Und versprochen, Fotos zu schicken, die niemals eingetroffen waren.

Doch jetzt – dieser Brief. Ein dicker Brief. So einen bauchigen, himmelblauen Brief mit bunten Marken hatte noch kein Kind in der Ribeira Grande je erhalten. Im Kuvert steckte ein Foto von Silvia, wie sie lächelnd auf dem Esel saß, der am Feldrand darauf wartete, Maisstroh zu den Ziegen auf den Hof zu schleppen. Den anderen Umschlag mit einem Schreiben an den örtlichen Kapuziner-Pater Michael, so las sie mit glühenden Augen auf der Rückseite, sollte sie gleich im nahen Kloster abgeben. Ihre Schulbildung und damit ihre Zukunft sei jetzt gesichert. Sie werde jetzt lernen dürfen, sogar das Gymnasium stehe ihr offen.

Pater Michael hatte in seiner langen Dienstzeit als Pfarrer von Cidade Velha so einen Brief auch noch nie erhalten. Darin stand, dass eine gewisse Corinna Schrund aus Heidelberg, die in diesem Sommer auf Cabo Verde Ferien gemacht hatte, zehn Jahre lang Monat für Monat dem Orden 100 DM für Silvia Davides Ausbildung überweist. 12 000 DM insgesamt. Ein unermessliches Vermögen auf den Inseln. Genügend Geld, um Schulmaterial zu bezahlen und das Wocheninternat. So viel Geld, dass Silvia auch hübsche Kleider tragen konnte und richtige Sandalen.

Die Ribeira Grande von Cidade Velha war 400 Jahre lang der wichtigste Sklavenhandelsplatz zwischen Europa, Afrika und Amerika. Die Menschen auf den Kapverdischen Inseln sind deshalb besonders stolz auf ihre Freiheit. Bitterarm, aber nicht verbittert. Sie haben nicht viel, außer ihrer Musik und ihrer Frömmigkeit. Die Glocken der kleinen, weißen Wallfahrtskirche „Nossa Senora de Saccoro“ rufen zum Abendgebet. Der 23. Dezember war ein schöner Tag auf Santiago. Die Sonne hat geschienen. Die Fischer sind mit reicher Beute vom Meer gekommen. Und Anildo hat einen Brief aus Deutschland gebracht. Morgen ist Weihnachten. Und für Silvia Davide ist ein Wunder geschehen.

Überall Du!

Wenn man sich sicher fühlt, vergeht die Angst.
Wenn man in Freundschaft geborgen ist,
gewinnt die Kraft.
Wenn man die Liebe spürt,
ist Unbesiegbarkeit greifbar.

Wenn man fern der Heimat ist, fehlt das Vertraute.
Wenn man auf großer Reise ist, gewinnt das Neue.
Wenn man die Liebe spürt, lösen sich Zeit und Raum.

Wenn man zu Hause ist, besticht das Vertraute.
In den eigenen vier Wänden gewinnt das Gewohnte.
Wenn man die Liebe spürt, dann ist überall „Du"!

Für Sabine, 1. November 2009,
Alishan-Gebirge/Taiwan

Sinn der Demut

Selbst Eiseskälte und tiefer Neuschnee hindern die Tibeter nicht, bei der Umrundung des heiligen Berges Kailash in 5600 Meter Höhe ihre Niederwerfungen fortzusetzen. Sie messen den 50 Kilometer langen Weg der Khora in Körperlängen ab.

Das ist es, was die chinesischen Soldaten so sehr verwirrt, was ihnen Angst macht.

Ich verstehe den Sinn der Demut.
Sie ist kein Verächtlichmachen seiner selbst.
Sie ist das eigentliche Prinzip des Handelns.

Wenn ich in der Absicht mich freizusprechen,
mein Unglück mit dem Schicksal entschuldige,
unterwerfe ich mich dem Schicksal.

Wenn ich es durch Verrat entschuldige,
unterwerfe ich mich dem Verrat.

Wenn ich aber den Fehler auf mich nehme,
beanspruche ich mein Vermögen als Mensch.

Ich kann auf das einwirken, zu dem ich gehöre.
Ich bin ein Bestandteil der menschlichen Gemeinschaft.

Es ist also einer in mir, den ich bekämpfe,
um mich über mich selbst hinauswachsen zu lassen.

Antoine de Saint-Exupéry

In Chinatown pinselt Sin-Yang gerade die Peking-Enten im Schaufenster seiner Metzgerei mit zartem Honig ein. Es dampft aus den Kanalschächten. Millionen Lichter an den Bäumen. Glitzernde Schaufenster. Klirrende Kälte. Eisläufer im Central Park. Das Kreischen der U-Bahnzüge dringt aus dem Untergrund. Diamanten-Kolliers bei „Tiffany's". Heerscharen Glocken läutender Weihnachtsmänner. Weihnachten 2001 in New York. Downtown Manhatten.

Auf den ersten Blick hat sich nichts verändert. Und so scheint auch die alte Geschichte noch zu stimmen, die ich vor zehn oder zwölf Jahren geschrieben habe: „Manhatten ist das Herz von New York. Es schlägt unbeirrbar – Tag und Nacht. Die Busse brausen durch die Straßenschluchten. Vorortzüge bringen Business-People direkt in den Bauch der über 400 m hohen Zwillingstürme des World Trade Centers ..." – Moment! Stopp! Denk nach, Mensch! Seit dem 11. September dieses Jahres hat New York sein Gesicht verändert. Und seine Konturen. Die Geschichte muss umgeschrieben werden. Und die Menschheit ist weit entfernt von Normalität – angesichts Tausender von Toten.

Die Verbindung Landshut – New York ist besonders eng, seit der Bildhauer Professor Fritz Koenig im Frühjahr 1967 eine Brunnenanlage für das WTC entwarf. Am Anfang stand ein 50 Zentimeter großes Modell, am Ende wurde am Ganslberg bei Landshut eine gewaltige Halle gebaut, um das fast acht Meter hohe und über fünf Meter breite Stück Plastik mitsamt dem Sockel aufzubauen. Und dann ist das Denkmal von Landshut an die Wallstreet gerollt. Inmitten der T-Träger und rechten Winkel einer quadratierten Stadtlandschaft wurde eine runde Sache installiert. Ein intensives, konzentriertes Symbol, das in der terroristischen Apokalypse mit unterging, verloren und völlig unwichtig schien im Szenario des Grauens.

Fritz Koenig hatte für New York eine Bronze-Kugel geschaffen, die – nicht ganz ebenmäßig, mit Sprüngen und Verwerfungen versehen – für den Globus stehen sollte, für das Raumschiff Erde, für den Erdball mit all seinen Wurmlöchern und angefaulten Stellen. Eine Kugel-Karyatide, die gleichzeitig den Schädel eines sterblichen Menschen symbolisierte, Metapher für die Zerbrechlichkeit und Zerstörbarkeit des „Homo sapiens". Ein niederbayerischer Künstler wurde gefeiert dafür, dass er elementares Menschsein so anschaulich in Metall modelliert hatte. Von der Zeugung bis zu kümmerlichem Tod in knöchernen Resten.

Aus dem ausdrucksstarken Kunstwerk ist ein Epitaph geworden. Schwer beschädigt, aber aufrecht, hat es die von Verbrecherhand herbeigeführte Katastrophe überstanden, für deren Dimension die menschliche Sprache keine Worte findet. Erschütternd das Bild der zerbeulten und aufgeplatzten Kugel vor den Ruinen der Hochhäuser. Und ergreifend der Gedanke, dass dieses einst im hellen Sonnenlicht funkelnde Memento mori auf schreckliche Weise von der Warnung zum Fanal geworden ist. Das Kunstwerk Fritz Koenigs hat unter Tausenden von Tonnen Schutt, vermengt mit Blut und Tränen, eine 4. Dimension erhalten.

Mit den „Yellow Cabs" schwimmt man Stop-and-go nach Little Italy, in die Bronx zum Zoo, nach Harlem auch – zum Jazz. Im Madison Square Garden wird ein Eishockeyspiel angepfiffen. Am Times Square ist Musical Time. Überall Lichterketten. In Chinatown pinselt Sin-Yang gerade die Peking-Enten im Schaufenster seiner Metzgerei mit zartem Honig ein. Die Ereignisse vom 11. September haben in New York eine nie mehr zu schließende Lücke hinterlassen. Aber das Leben geht weiter.

Fritz Koenigs Kugel ist zerschundene Erinnerung an jene, die verblendeten Massenmördern zum Opfer gefallen sind. Aber sie ist gleichzeitig auch ein Sinnbild des Widerstandes, ein Zeichen der Hoffnung, ein Fanal des Friedens. Über die Grenzen der Völker, Sprachen, Kulturen und Religionen hinweg.

Wenn die Menschen guten Willens jetzt zusammenrücken, ist ein wichtiger Schritt getan. Es kommt nicht auf Hautfarbe oder Kleidung an, sondern auf die Gesinnung des Herzens. Diese Botschaft hat im erschütterten New York überlebt. Sie passt zu Weihnachten.

Winterlicher Pendlerzug nach München

Schatten vergessener unbeendeter Träume
verkümmern verfroren
auf den kalten Straßen der Stadt.
Es ist zu früh für klare Gedanken –
über die Sehnsucht nach heißem Kaffee
und das wieder versäumte Frühstück hinaus.

Schemen vergessener Welten
hinter den getönten Scheiben der Bahn.
Es blendet das zu helle Neonlicht –
die bleichen Gesichter
im inneren Nebel des Raucherabteils.

Schlieren gar endlicher Geschichten
auf hallenden hässlichen Fluren.
Es riecht nach dem Abrieb –
von vielen Tausend Sohlen
im düsteren Untergrund der Weltstadt.

Für Horst, 12. Dezember 2002
im Zug von Landshut nach München

Mitten in Hunger und Krieg

Ein Text aus dem Evangelischen Gesangbuch für Gottesdienst, Gebet, Glaube Leben, formuliert von der Weltkirchenkonferenz in Vancouver, Britisch-Kolumbien, Kanada, 1984:

Mitten in Hunger und Krieg
Feiern wir, was verheißen ist: Fülle und Frieden.

Mitten in Drangsal und Tyrannei
Feiern wir, was verheißen ist: Hilfe und Freiheit.

Mitten in Zweifel und Verzweiflung
Feiern wir, was verheißen ist: Glaube und Hoffnung.

Mitten in Furcht und Verrat
Feiern wir, was verheißen ist: Freude und Treue.

Mitten in Hass und Tod
feiern wir, was verheißen ist: Liebe und Leben.

Mitten in Sünde und Hinfälligkeit
Feiern wir, was verheißen ist: Rettung und Neubeginn.

Mitten im Tod, der uns von allen Seiten umgibt,
feiern wir, was verheißen ist: durch den lebendigen Christus.

Kyrie eleison!

„Laßt es mein Hochzeitsgeschenk sein"...

Christnacht 1475

Es war ein verregneter Novembertag, an dem die Königstochter aus Polen von Moosburg her über den schlammigen Isarhang bei Golding in ihrem goldenen Fahrnis, von acht schmutzbespritzten Schecken gezogen, die niederbayerische Residenzstadt Landshut erreichte. Auf der Wiese bei St. Lazarus begrüßte sie förmlich der Markgraf von Brandenburg, der als Zeremonienmeister auch gleich zur Eile mahnte. Die hohen und höchsten Fürstlichkeiten, Bräutigam Georg, sogar der Kaiser, alle hatten schon eine Stunde lang im Nieselregen auf Hedwig gewartet. Das Volk stand seit Tagesanbruch Spalier bis zur Martinskirche. Die Zunftleute mit ihren Stablichtern. Jetzt war es Zeit zu heiraten.

Hedwig hatte Georg noch nie gesehen. Und jetzt sah er sie so: mit feuchten Haaren, müde von der langen Reise, voller Heimweh nach Krakau, nach dem Königsschloss, nach der Mutter, die sie schon seit vielen Wochen nicht mehr gesehen hatte; von der sie allerdings ein wenig Deutsch gelernt hatte, ihr kleines, geheimes Faustpfand, um sich mit dem jungen bayerischen Herrscher, dem sie gleich ewige Treue schwören sollte, wenigstens verständigen zu können.

Alles ging unwürdig schnell. In der Turmhalle des noch in Bau befindlichen Münsters warteten Kammerfrauen der Herzogin Amalie, um mit ihren Zofen die Braut zu schmücken. Im dunklen Hintergrund der Kirche wurde der Prinzessin das goldene Brautkleid angelegt, Krone und Gesichtsschleier, Letzterer ihr gerade recht kam, um auf dem langen Weg durch das ganze Kirchenschiff zum Altar die Tränen zu verbergen. Noch kein vertrautes Wort mit dem jungen Herzog, der ein braunes Wams trug und graue Beinlinge. Da legte auch schon der Erzbischof von Salzburg ihre Hände ineinander.

Während die Hofkapelle die Brautmesse intonierte und Hedwig all die prächtig gewandeten Fremden um sich herum allmählich wahrzunehmen begann, rückten die rückwärtigen Gäste immer weiter nach vorne. Unwürdig war dieses Gerangel. Aber verständlich. Das Langhaus der Martinskirche hatte noch kein Dach. Nur der Chorraum bot Schutz vor den Unbilden des niederbayerischen Spätherbstes. Hedwig, die an sich ein fröhliches junges Mädchen war, lächelte unter Tränen: Viele Damen des niederen Adels, die keine Plätze mehr ganz vorne erwischt hatten, sahen schon vor der Predigt aus wie getaufte Mäuse.

Georg, der ein aufmerksamer, gut erzogener Hofmann mit Herzensbildung war, freute sich über dieses erste zarte Lächeln: „Ihr werdet staunen, meine Königin, wie dieses Münster prächtig wird, wenn Meister Hans sein Werk vollendet hat!" – In diesem Augenblick sprach der Erzbischof vorne am Hochaltar vom Wunder der Weihnacht. Vom frierenden Kind in der Krippe. Von einem Faustpfand des Friedens für die Menschen. Und von der Bedeutung dieser „Landshuter Hochzeit" für den Frieden der Völker. Da fiel Hedwig ein, dass schon in ein paar Wochen das Weihnachtsfest bevorstand. Diesmal musste sie ohne die vertrauten Leckereien aus der Hofküche König Kazimirs auskommen; und ob es Schnee gab in Niederbayern? So viel Schnee, wie sie das als Kind gewohnt war in Polen und Litauen. Zum Schlittenfahren viel Schnee. Mit silbernen Glocken.

Die Glöckchen der Messhelfer klingelten zur Wandlung. Wie herrlich musste das in einer kalten Winternacht sein, wenn die Schneeflocken ungehindert in der Kirche tanzen konnten. Weiße Funken, angestrahlt von Hunderten von Kerzen ... Der Gedanke kam Hedwig blitzschnell und Sekunden später sprach sie fast ungestüm ihren Bräutigam an, ohne auf die vorgeschriebene Etikette, den schon ziemlich mürrisch blickenden Erzbischof oder den ganz in ihrer Nähe knienden Kaiser Friedrich zu achten: „Ich möchte den Mitternachtsgottesdienst in der Christnacht hier feiern, Ihr könnt mir diese Bitte nicht abschlagen!"

Und so kam es dann auch. Herzog Georg hatte erst verwirrt den Kopf geschüttelt und dann alle Sicherheitsbedenken beiseite gewischt: Er wollte seiner jungen Frau diesen Herzenswunsch erfüllen. „Lasst es mein Hochzeitsgeschenk sein", hatte sie gesagt. Alle distanzierte Förmlichkeit war danach von Georg und Hedwig gewichen. Sie schätzte seine Ritterlichkeit. Er war betört vom Frohsinn seiner Frau. Hedwigs Abreise nach Burghausen, dem Familiensitz der Wittelsbacher, hatten beide nur zu gern noch einmal auf die Woche nach Weihnachten verschoben. Auch wenn Herzogin Amalie das gar nicht gerne sah.

Der 24. Dezember 1475. Die im Bau befindliche Martinskirche. Bauleute, Bürger, Bettelvolk. Und der Hof. Alle waren gekommen. Nur dem alten Herzog Ludwig war die Beschwer wegen seines Podagras nicht zuzumuten. Die Hofkapelle spielte und diesmal stand statt dem Erzbischof der Abt eines Klosters am Altar. Hunderte, wenn nicht Tausende von Kerzen erleuchteten den Chorraum, genau wie es sich Hedwig an ihrem Hochzeitstag vorgestellt hatte. Ihr Schein brachte die Schneeflocken zum Funkeln, die wie kleine Sterne vom Himmel auf Landshut fielen. Direkt in das Gotteshaus ohne Dach.

Es war die anrührendste und stimmungsvollste Christmette, die dieses besondere Gotteshaus je erlebt hat. Die Landshuter Bürger erzählten sich noch Generationen lang davon. Die Chronisten aber hatten an diesem Abend frei.

Anmerkung: Im November 1475 fand die „Landshuter Hochzeit" statt. Im Sommer 2009 die 39. Aufführung des historischen Dokumentarspiels. Unsere Martinskirche war bei der Hochzeit mittelalterliche Großbaustelle. Das Langhaus ohne Dach. Der Turm unvollendet. Die Glocken läuteten in St. Jodok. Hedwigs Mutter war eine Habsburgerin. Der Familiensitz der Wittelsbacher Burghausen. In dieses Gerüst aus Fakten hinein habe ich meine Geschichte gelegt. Erfunden – ja. Ausgedacht – ja. Völlig undenkbar – nein!!

Monsun

*Seit fünf Tagen ist Fliegen nicht mehr möglich.
Der Regen hat längst alles Beruhigende verloren.
Gleich nervtötenden Hammerschlägen klingt
Das unablässige Trommeln aus tausend Quellen
Auf den Dächern und in den gemarterten Ohren.*

*Stille Lethargie macht sich in der Lodge breit.
Um den glühend heißen Kanonenofen.
Während auf den morastigen Wegen draußen
Kichernde Schulkinder mit fetten Blutegeln
Wettrennen spielen.*

August 2008, Lukla

Von der Verbindlichkeit des Handelns

***„Du bist allezeit verantwortlich für das,
was du dir vertraut gemacht hast!“***

Antoine de Saint-Exupéry

Ich empfehle allen Leserinnen und Lesern eine Reise nach Nepal. Nicht nur, weil dort die Weihnachtssterne baumhoch wuchern. Vor allem deshalb, weil die intensive Begegnung mit Buddhismus und Hinduismus auch für uns Christen wegweisend sein kann. Weil es einfach ansteckend ist, die schier unglaubliche Frömmigkeit der Menschen zu erleben. Und ihre Fröhlichkeit trotz bitterer Armut. Weil sich so viel Verbindendes zwischen den Religionen entdecken lässt. Viel mehr Verbindendes als Trennendes:

Von Anguttura Nikaya stammt dieser kurze Text über die Verbindlichkeit des Handelns:

***Kein Feuer brennt so stark
wie unsere Gier nach Besitz und Lust. –***

***Kein Brand ist so verheerend,
wie der Hass sich unter Menschen ausbreitet
und unzählige Opfer fordert.***

Karma bedeutet, dass alles in unserem Leben Folgen hat.
Mit keiner bösen Tat kommen wir ungestraft davon.
Jede gute Tat aber erzeugt Glück und Gnade.

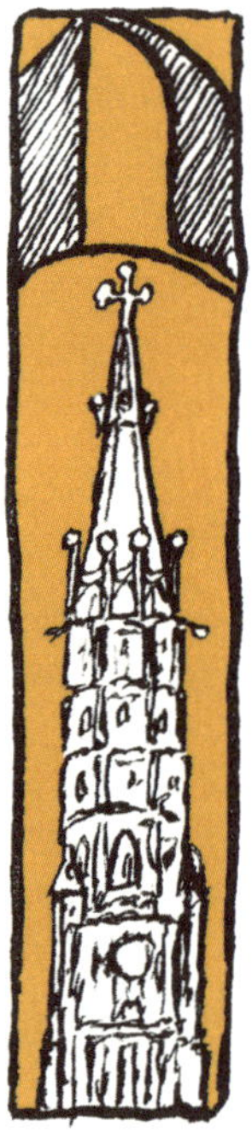

Der Schneefall war nichts Ungewöhnliches um diese Jahreszeit. In einer Höhe von 2800 Metern. In Lukla, dem Tor zum Mt.-Everest-Nationalpark. Ungewöhnlich war nur, dass es nicht mehr aufhörte zu schneien. Und dass sich die Wolken nicht mehr hoben. Die Trekker aus Europa saßen seit Tagen in der Everest Summit Lodge fest. Bei bester Verpflegung, warm und sicher. Aber sie saßen fest.

Claudia und Michael, Marion und Christian, Christl, Walther und Christine kamen vom Ama Dablam-Basecamp zurück, sie hatten die Sherpaklöster Tengpoche und Pangpoche gesehen und ihren ersten Fünftausender gemacht. Nun wollten sie noch die Königsstädte im Kathmandutal besuchen, Souvenirs einkaufen und nach Hause fliegen, unvergessliche Erlebnisse im Gepäck. Aber auch an diesem Morgen hatten sie wieder vergeblich die Reisetaschen gepackt und sich um 7.00 Uhr zum Frühstück versammelt. Es hatte zwar zu schneien aufgehört, aber dichter Nebel lag vor den Fenstern. An Sichtflug war nicht zu denken.

Am kleinen Flughafen von Lukla hatte man nun schon eine Woche lang kein Motorengeräusch mehr gehört. Der liebenswerte Stationsleiter der Yeti-Airline traute sich schon gar nicht mehr zu seinen Freunden aus Deutschland und Österreich. Nach und nach strömten Trekkinggruppen aus dem Everest-Gebiet nach Lukla, wo sich alles staute. Die Lodges waren mittlerweile übervoll. Heizmaterial und Nahrungsmittel wurden knapp. Kranke und Verletzte konnten nicht nach Kathmandu geflogen werden. Die Situation spitzte sich immer mehr zu.

Es war der achte Tag in Lukla. Wieder keine Sonne. Aber auch kein Schneefall. Nur dieser elendige Dauernebel lag über dem Städtchen.

Wieder nichts zu machen. Am frühen Nachmittag dann plötzlich ein quäkender Funkspruch der Agentur: Die Gruppe sollte sich bereithalten. Man werde versuchen, sie per Helikopter auszufliegen. Der Pilot, Sherparettungsflieger, der beste im Land, sehe eine Chance, der nebelfreien Dudh-Khosi-Schlucht zu folgen und sich so in Bodennähe nach Lukla vorzukämpfen.

Eilig wurden zwei Vierergruppen gebildet. Das Gepäck lag ohnedies – wie jeden Tag – flugfertig unter Schutzplanen am Airport gleich gegenüber der Lodge. Hoffnung mischte sich mit Zweifel. Der Nebel schien undurchdringlich. Die nächsten Berge waren genauso wenig zu sehen wie der kleine buddhistische Tempel hinter dem Haus. Kein Lüftchen regte sich. Gebetsfahnen wie Trauerflor, triefend nasser Wäsche gleich. Aber es gab diesen dunstfreien Raum, dieses Sichtfenster von zehn Metern Höhe zwischen Boden und Wolkenunterkante.

Die Zeit verstrich unaufhörlich. Die Stille war quälend. Die freundlichen Sherpamädchen in der Lodge brachten noch einmal Kaffee und Tee. Lächeln fiel schwer. Bohrende Blicke von der Schuhkammer aus in den Nebel. Nichts tat sich. Heimweh! Es würde wohl wieder nichts werden. Sorge! Jeder hing seinen Gedanken nach. Verzweiflung! Alle wollten doch Weihnachten zu Hause sein.

Und dann ging plötzlich alles ganz schnell: Von Ferne war ein Brummen zu ahnen. „Hörst du es auch??" So wie wenn daheim der Nachbar in der übernächsten Straße Rasen mäht. „Ich bin nicht sicher!!" Das Brummen wurde zum Geräusch. „Doch, da, er kommt!!" Motorenlärm wandelte sich von Wunschvorstellung zu Wirklichkeit. Und Augenblicke später tauchten urplötzlich Rotorblätter über der Hangkante auf. Der Helikopter drehte sich zur Landung in unglaublicher Eleganz einmal über der Piste und stand plötzlich wie ein Bote aus einer anderen Welt auf dem Airport Lukla.

Was jetzt kam, war eine Mischung aus Science-Fiction und Märchen. Zweimal musste der Pilot das Wagnis auf sich nehmen, um die ganze Gruppe zu evakuieren. Zweimal ließ er die Maschine nur wenige Meter über Grund am steilen Hang entlang gleiten hinunter zum Milchfluss Duhd-Khosi, der mit gischtend weißen Wassern seinem Namen alle Ehre machte. Der nebelfreie Spalt war nie höher als maximal zwölf bis fünfzehn Meter. Der Pilot bugsierte die Maschine behutsam durch die Schlucht. Rechts und links des Rotors blieben ebenfalls nur wenige Meter Spielraum bis zu den steilen Felswänden. Unmittelbar über den Katarakten fand der Sherpapilot in James-Bond-Manier – immer dem schneckenhausgleich gewundenen Fluss folgend – den Fluchtweg …

In Kathmandu war das Wetter gut. Der Bus stand bereit. Die Agentur hatte ein Hotel gebucht und – gleich für den nächsten Tag – den Rückflug nach Deutschland. Am Heiligen Abend würden alle bei ihren Lieben zu Hause sein.

Große Besichtigungsaktivitäten lohnten sich nicht mehr. Und es fehlte dazu auch die Lust. Aber es blieb noch Zeit für den versprochenen Besuch bei den Maria-Ward-Schwestern. Nicht benötigte Medikamente und eine Geldspende sollten überbracht werden. Im Kloster neben der Armenschule gab es Tee und niederbayerische Weihnachtsplätzchen, gebacken von indischen Schwestern nach Rezepten von „Sister Frances“, die über 90-jährig erst vor wenigen Jahren gestorben war.

Das Abenteuer der letzten Tage kommentierte Schwester Elisa, die „Sister Frances“ noch gut gekannt hatte, mit einem nach innen gerichteten Lächeln. Sie zündete die vierte Kerze am Adventskranz an und sagte leise: „Angelic flight“ – Engelsflug!

Anmerkung: Für den DAV Summit Club, die Bergsteigerschule des Deutschen Alpenvereins, führe ich seit vielen Jahren Trekkingtouren. Ich bin Pressesprecher des Unternehmens und geprüfter Kultur- und Bergwanderführer. Die Mitgliedschaft im Verein „Nepalhilfe Aham“ hängt damit zusammen. Sie setzt das Lebenswerk der Maria-Ward-Schwester Franziska Parstorfer fort, die ihr Leben den Kindern in Nepal gewidmet hat, deren Lebensgeschichte ich schreiben durfte. Für diese Weihnachtsgeschichte habe ich zwei tatsächliche Erlebnisse miteinander verknüpft. Eine Schlechtwetterperiode im Khumbu mit all ihren Folgen – und den Besuch bei „Sister Fances“ in der Kathmandu-Armenschule.

Martin Buber meint

Martin Buber meint, das Wort „Gott" sei das beladenste aller Menschenworte:

„Keines ist so besudelt, so zerfetzt worden.
Gerade deshalb darf ich nicht darauf verzichten.
Die Geschlechter der Menschen haben die Angst
ihres geängstigten Lebens auf dieses Wort gewälzt
und es zu Boden gedrückt:
Es liegt im Staub und trägt ihrer aller Last!"

Und aus dem Hinduismus stammt dieser Text:

Gott ist jenseits von Sein und Nichtsein,
von Licht und Dunkelheit.
Gott ist bewegt und nicht bewegt,
ist in uns und nicht in uns.
Gott ist ein unendliches Wesen,
ohne Anfang, ohne Ende.

Seine Gestalt ist unausdenkbar, undefinierbar, unfassbar.
Gott ist Vater und Mutter.
Gott ist Freund und Retter und Lehrer.
Er lädt die Menschen ein, sich ihm
in Freiheit und Ganzheit hinzugeben.
Er fesselt den Menschen mit Banden der Liebe an sich.
Er ist die Seele im Herzen aller Wesen.
Anfang, Mitte und Ende von allem, was lebt.

Tauet Himmel den Gerechten oder Das goldene Kreuz

Es war das Hochfest des heiligen Martin. Patrozinium im Landshuter Münster. Großeinsatz für Chorsänger, Orchestermusiker, Kleriker und liturgischen Dienst. Eine Hohe Messe war angesagt, der letzte Pontifikalgottesdienst vor Weihnachten …

Alle Aufgaben waren vergeben, die Kommunionspender eingeteilt. Akolythen, Lektoren, Rauchfassträger standen bereit. Der Mesner hatte alle Hände voll zu tun, um Propst, Kanoniker und Diakone anzukleiden. Die festlichen gotischen Gewänder sollten es heute sein. Geschäftiges Treiben in der Sakristei. Heiliges Chaos, in dem es gar nicht so leichtfiel, „allmählich zur Ruhe zu kommen", wie Monsignore Bernhard Schömann forderte. Zumal plötzlich der Werner M. im Raum stand und verkündete: „Mein Kreuz wackelt!"

Was er meinte, hielt er unübersehbar in beiden Händen. Das große goldene Vortragekreuz, unverzichtbar bei großen Einzügen. Und es war genauso unübersehbar, dass dieses einige Kilo schwere, kostbare Kruzifix, das auf einer zwei Meter langen Holzstange steckte, im filigranen Sockelbereich „Spiel" hatte und sich so bei jeder noch so zarten Bewegung einige Millimeter nach vorne oder hinten neigte. Wie gesagt: Das Kreuz wackelte!

Nun gab es zwar noch eine kleine goldene Stellschraube, die vorübergehend etwas Stabilität brachte, aber schon nach wenigen Schritten in erhabener Position begann das kippelige Spiel von Neuem. Und jeder wusste Rat. Da waren die mit dem ganz großen Gottvertrauen, die meinten: „Das Kreuz hat schon immer ein bisserl ‚Luft' gehabt. Das macht nichts!" – Andere meinten: „Musst halt vorsichtig gehen!" – Und dann waren da noch die Fatalisten, die bemerkten: „Heut' wird's schon noch herhalten!"

So war es dann auch. Einzug und Auszug – und die Orchestermesse dazwischen – alles lief völlig problemlos ab. Aber es ging ja nicht nur um heute. Es ging um die bevorstehende Weihnachtszeit. Für eine Reparatur des Kreuzes war die Zeit zu knapp. Man schrieb ja schon den 11. November. Und Christmette, Bischofsgottesdienst am zweiten Feiertag, Jahresschluss und Epiphanie – derart festliche Gottesdienste ohne goldenes Vortragekreuz – das war einfach undenkbar!

Der Oberministrant hatte eine gute Idee: „Wir dürfen im Advent einfach das Lied ‚Tauet Himmel den Gerechten' nicht singen!" – Die vielstimmige Frage nach dem Wieso-Warum beantwortete der Witzbold so: „Da heißt es doch in der zweiten Zeile: ‚Wolken regnet ihn herab!' – Und wir wollen doch, dass der Herr oben bleibt, oder?"

Praktischer war dann schon der Rat eines älteren Ministranten an den armen Kreuzträger, der im Zweifelsfall ja der Hauptleidtragende des Unglücks sein würde: „Wenn du spürst, dass das Goldblech zwischen Stange und Korpus endgültig reißt und das schwere Kreuz wirklich abstürzt, dann lässt du einfach blitzschnell die Stange fallen, breitest die Arme aus und fängst den Herrn auf!"

Das geschah alles am Martinstag. Man scherzte und amüsierte sich. Das Vortragekreuz wurde mit einem schützenden Tuch bedeckt und in seinen angestammten Eckständer in der hinteren Sakristei gesteckt. Und dort blieb es völlig unbeachtet und letztlich auch von allen Beteiligten vergessen – bis zum 24. Dezember exakt um 22.50 Uhr. Da nämlich stellte sich der liturgische Dienst zum Einzug für die Christmette auf und der Kreuzträger hob die Stange aus der Verankerung. Schon bei den ersten Schritten stellte er – sich an die Vorkommnisse vom Martinstag plötzlich wieder siedend heiß erinnernd – fest, dass der Herr immer noch wackelte.

„Procedamus!" – Der Kirchenzug nahm seinen Weg durch den verschneiten Martinsfriedhof zum Hauptportal. Und bei jedem Schritt gab es oben – gut eineinhalb Meter über den sorgenvoll erhobenen

Augen des Kreuzträgers einen spürbaren Wackelimpuls. Und es kam ihm vor, als würde das Hin und Her über ihm bei jedem Schritt heftiger werden.

Und dann passierte es: In der Turmhalle war gerade noch Weihrauch eingelegt worden. Die Kerzen brannten. Die Flügel der inneren Türe standen weit offen. Der Stiftspropst gab das Zeichen zum Anläuten und der Kreuzträger stemmte die Stange mit dem Kreuz ganz noch oben. Die Orgel brauste auf. Der festliche Einzug konnte beginnen. Doch nach wenigen Schritten gab es an der Schwachstelle zwischen Stange und Kreuz ein knirschendes Geräusch. Und dann kam der Absturz. Und jetzt machte Werner M. genau das, was ihm am Martinstag ein Ministrantenkollege im Scherz gesagt hatte: Er ließ reflexartig die nutzlos gewordene Stange fallen, breitete die Arme aus und fing das schwere goldene Kruzifix sicher auf.

Doch damit nicht getan. Während die zum Besenstiel degenerierte Stange von einem kleinen Messdiener zur Seite und damit aus dem Weg gerollt wurde, nahm Werner M. das schwere Kreuz dergestalt auf sich, dass er es mit beiden Händen am Fuß packte und hoch über den Kopf hielt. Die Prozession hatte nicht eine Sekunde innegehalten. Kaum jemandem war die Beinahekatastrophe aufgefallen. Nicht einmal der Hauptzelebrant, rangmäßig ganz hinten im langen Zug, war aufmerksam geworden. Und kaum einer von den Gläubigen.

Nach dem Einzug, das Vortragekreuz lehnte sicher an unüblicher Stelle in einer Nische über der kleinen Chororgel, stand der Oberministrant im Altarraum zufällig neben dem armen Kreuzträger, der vor Schreck noch immer ganz weiche Knie hatte. Und er flüsterte ihm zu: „Tauet Himmel den Gerechten. Jetzt ist der Herr doch herabgekommen." – Und der reaktionsschnelle Kreuzträger antwortete leise: „Ist ja auch Weihachten, oder?!"

Anmerkung: Die Geschichte hat einen wahren Kern und beruht im Ansatz auf Tatsachen. Auch die handelnden Personen gibt es. Und ein Teil der Dialoge hat tatsächlich so stattgefunden. Wie's dann aber mit dem wackeligen Kreuz weitergegangen ist, habe ich frei erfunden.

Ein verbummelter Tag

Das Frühstücksbuffet – längst leer geräumt.
Die Zeit setzt sich behäbig in den Vordergrund.
Hitze wallt auf und dringt wie
Tränen aus dickflüssigem Honig mit
den Stunden in kleinen Tropfen durch das Sieb.

Schier endlos der Nachmittag.
Sogar die Sägergrillen schweigen.
Und der Schweiß fließt stetig langsamer.
Bis die Sonne zum roten Ball gefriert,
die Gefährten zurückkommen.
Und unser Fixstern endlich – untergeht.

Dienstag, 8. März 2005,
Rincon de la Vieja, Costa Rica,
Mittelamerika

Groß genug, um ganz klein zu werden!

Eine Weihnachtsbitte von Annette Soete zum Schluss:

Gott, groß genug, um klein zu werden als ein Kind.
Gott, reich genug, um arm zu werden in der Kälte eines Stalles.
Gott, stark genug, um schwach zu werden am Kreuze.
Gott, lebendig genug, um zu sterben und durchzugehen –
durch den Tod.

Du bist es, der bei uns ist im Brot.
Du bist es, der wiederkommen wird.
Im Advent dieser Welt, halte in uns wach
das Licht dieser Nacht.

Gib uns das Wort, das uns stärkt.
Bleibe lebendig in uns,
damit das Fest der Geburt nicht aufhört –
in uns und unserer Welt.

Es fällt leicht, die zitierte Bitte mit einem klassischen Text aus dem Hinduismus zu ergänzen:

Der erhabene Herr spricht:
Wer furchtlos und herzensrein,
beständig im Streben nach rechtem Wissen,
zurückhaltend, freizügig, opferfreudig und aufrecht,
eifrig im Studium der heiligen Schriften ist;

Wer niemanden verletzt, ehrlich ist, frei von Zorn,
allem entsagt, voll Frieden ist und Frieden stiftet,
barmherzig zu allen Wesen ist, befreit von Gier,
milde, bescheiden und standhaft;

inbrünstig, langmütig, ausdauernd und rein,
wer weder listig noch herrschsüchtig ist –
jener Mensch ist für das Himmelreich geboren.

Der Autor

Christoph Thoma, Jahrgang 1954. Der Journalist betreute 21 Jahre lang als Korrespondent, Reporter und Moderator des Bayerischen Rundfunks seine Heimat. Außerdem langjährige Arbeit für „Charivari“, dpa, die Passauer Neue Presse und die Süddeutsche Zeitung. Seit 2001 Pressesprecher der DAV Summit Club GmbH München. Für die Bergsteigerschule des Deutschen Alpenvereins führt Christoph Thoma Trekkingtouren und Kulturwanderungen in Nepal, Tibet oder Nordindien. Zahlreiche Buchpublikationen widmeten sich u. a. Stadt und Landkreis Landshut, der Türkei, dem Böhmerwald, dem Lebenswerk von Landshuts Altoberbürgermeister Josef Deimer und der Biografie von Franziska Parstorfer aus Aham in Niederbayern, die in Nepal als „Sister Frances“ Armenschulen gegründet und die Mädchenbildung auf den Weg gebracht hat.

Der Illustrator

Bernhard Kühlewein, Jahrgang 1938. Der Landshuter Kunstmaler studierte an der Akademie der freischaffenden Künste in München Zeichnen, Malerei und Kunstgeschichte. An der Ludwig-Maximilian-Universität widmete er sich dem Studium der menschlichen Anatomie. Stipendien führten Bernhard Kühlewein an das „Centre International de Gravure Geneve“ und die „Villa Massimo“ in Rom. Er erhielt den Kulturförderpreis der OBAG und illustriert weit mehr als 30 Bücher, u. a. „Lustig listige Fabeln“ und „Letzte Nächte“ von Rudolf Hagelstange. Bekannt ist Bernhard Kühlewein u. a. für großflächige, intensiv farbige Ölgemälde, ausdrucksstarke Portraits und filigran-federzarte Kaltnadelradierungen.